오스카 로메로

Oscar Romero
Copyright © 2014 by Order of Saint Benedict, Collegeville, Minnesota
Korean translation © 2018 by Catholic Publishing House
All rights reserved.

오스카 로메로

2018년 8월 8일 교회 인가
2018년 10월 14일 초판 1쇄 펴냄

지은이 · 케빈 클라크
옮긴이 · 강대인
펴낸이 · 염수정
펴낸곳 · 가톨릭출판사
편집 겸 인쇄인 · 김대영
편집장 · 이현주
편집 · 송민경, 정주화, 정은아
디자인 · 강해인
기획 · 홍보 마케팅 · 임찬양, 안효진

본사 · 서울특별시 중구 중림로 27
지사 · 경기도 고양시 일산동구 노첨길 65
등록 · 1958. 1. 16. 제2-314호
전자우편 · edit@catholicbook.kr
전화 · 1544-1886(대)/ (02)6365-1888(영업국)
지로번호 · 3000997

ISBN 978-89-321-1530-6 03230

값 14,000원

가톨릭출판사 인터넷 서점 · http://www.catholicbook.kr
직영 매장 · 명동대성당 (02)776-3601, (070)8865-1886/ FAX (02)776-3602
　　　　　가톨릭회관 (02)777-2521, (070)8810-1886/ FAX (02)6499-1906
　　　　　서초동성당 (02)313-1886/ FAX (02)585-5883
　　　　　서울성모병원 (02)534-1886/ FAX (02)392-9252
　　　　　절두산순교성지 (02)3141-1886/ FAX (02)335-0213
　　　　　미주지사 (323)734-3383/ FAX (323)734-3380

가톨릭의 모든 도서와 성물을 '가톨릭출판사 인터넷 서점'에서 만나 보실 수 있습니다.

성경 · 교회 문헌 © 한국천주교중앙협의회

이 도서의 국립중앙도서관 출판예정도서목록(CIP)은 서지정보유통지원시스템 홈페이지(http://seoji.nl.go.kr)와 국가자료공동목록시스템(http://www.nl.go.kr/kolisnet)에서 이용하실 수 있습니다. (CIP제어번호: CIP2018030421)

이 책의 한국어판 저작권은 (재)천주교서울대교구 가톨릭출판사에 있습니다.
저작권법에 의해 한국 내에서 보호를 받는 저작물이므로 무단 전재와 무단 복제를 금합니다.

오스카 로메로

군부 독재에 맞서 사랑을 외치다

케빈 클라크 지음 | 강대인 옮김

가톨릭출판사

신부 시절의 오스카 로메로

주교 시절의 오스카 로메로

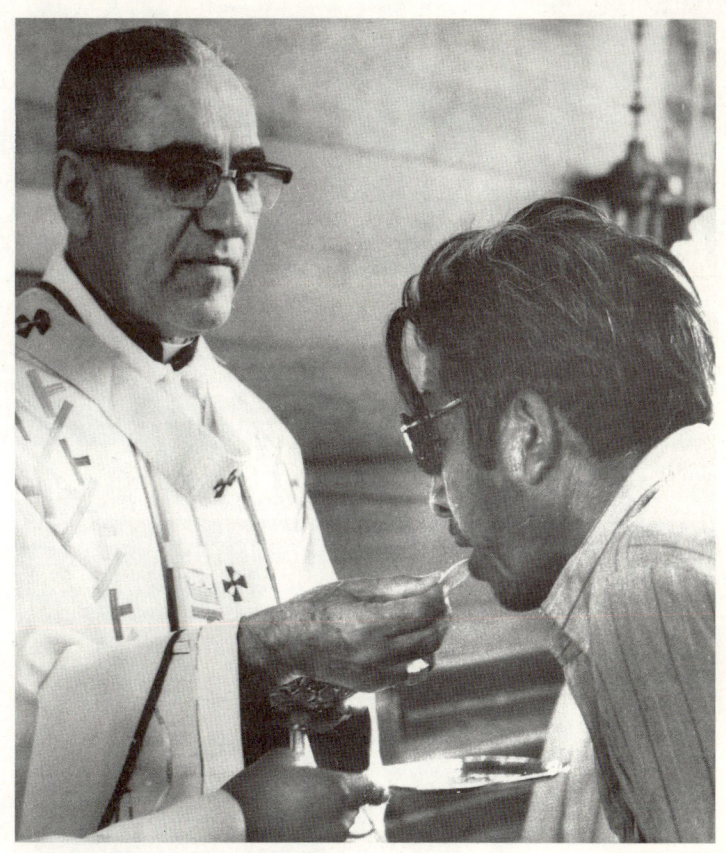
성찬례를 집전하는 오스카 로메로

바오로 6세 교황을 알현한 오스카 로메로

요한 바오로 2세 교황을 알현한 오스카 로메로

2015년 5월 23일, 산살바도르에서 열린 오스카 로메로의 시복식

머리말
투사냐 성인이냐 · 11

오스카 로메로의 시복 시성 과정에 관하여 · 36

제1장
죽음이 대주교에게 다가오다 · 41

제2장
로메로가 살던 엘살바도르 · 63

제3장
지칠 줄 모르는 젊은 사제 · 81

제4장
신중한 성직자의 깨달음 · 114

차례

제5장
민중의 목자 · 130

제6장
민중의 목소리로 부르짖다 · 163

제7장
사랑, 그리스도인의 복수 · 180

제8장
광기의 한가운데에서 · 211

결론
민중의 삶 속에 부활한 성인 · 236

주
249

"지치지 말고 사랑을 선포합시다.

사랑은 세상을 이기는 힘입니다.

우리 눈앞에서 폭력의 물결이 그리스도인 사랑의 불을

몰아낸다 하더라도, 사랑은 반드시 이깁니다.

이길 수밖에 없습니다."

1977년 9월 25일

머리말

투사냐 성인이냐

산살바도르의 대주교로 승품된 뒤 로마에 간 오스카 로메로는 놀랐다. 교황청 인사들이 라틴 아메리카 교회가 겪고 있는 십자가 고통의 본질을 전혀 이해하지 못했던 것이다. 참으로 로마 전체가 그런 것처럼 보였다. 로메로가 이 죽음의 곤경을 교황청 인사들에게 분명히 알리려고 많은 노력을 기울였음에도 그랬다. 그를 가로막는 데에 열중하는 것 같은 교황청 관료들을 굴욕적으로 헤치고 나간 끝에, 로메로는 마침내 요한 바오로 2세 교황을 개별적으로 만날 수 있는 기회를 얻었다. 그는 사목 직무 수행이 극도로 열악한 상황과 더불어 엘살바도르 국민, 특히 교회 일꾼들의 인권이 심각하게 침해

되고 있는 상황을 자세하게 보고했다. 이에 교황은 한두 가지 말로 격려한 뒤에 대중의 눈앞에서 주교들의 일치를 유지하는 것에 대한 중요성을 언급하며 로메로를 꾸중했다.[1] 그 당시 산살바도르 대주교좌 관하의 여러 주교가 로메로의 지도력에 다소 공개적으로 반기를 들었던 것이다.

로메로는 그날 일기에 이렇게 적었다.

"교황님은 내가 일해야 하는 곳과 같은 정치 풍토에서는 사목 활동이 매우 어렵다는 것을 인정하셨다. 매우 신중하게 균형을 유지하라고 권유하셨다. …… 그분은 당신이 폴란드에서 온갖 곤경을 무릅쓰고 비가톨릭 정부와 맞부딪혀 가며 교회를 발전시켜 나갔던 일을 나에게 일깨워 주셨다. 주교들의 일치가 매우 중요하다고 말씀하셨다. …… 나는 거듭 분명하게 그분께 말씀드렸다. 나도 일치를 간절히 바라지만, 일치는 가장할 수 없는 것으로 알고 있다고. 오히려 일치는 반드시 복음에 또 진리에 근거해야 한다고."

요한 바오로 2세 교황은 엘살바도르 주교회의 내부에서 보낸, 로메로 대주교에 대한 비난으로 가득 찬 수많은 보고서를 받아 왔었다. 그래서 요한 바오로 2세 교황은 특별 알현을 마칠 즈음에 로메로에게 이렇게 제안했다. '사목 활동의 어려움을 해결하고 주교들 간의 화합을 위하여' 재임 중인 주교좌Sede plena에 교구장 서리를 임명하면 어떻겠느냐는 것이었다. 그것은 로메로가 산살바도르 대주교로 남아 있기는 하겠지만, 대주교의 모든 책임은 교구장 서리에게 이양해야 한다는 의미였다.

로메로는 아무런 저항도 하지 않고 그 제안을 분명하게 받아들였다. 그리고 이에 대해 이렇게 남겼다.

"나왔다. 그분을 뵐 수 있어 좋았지만, 내 사목 활동에 대한 부정적인 보고서들이 (교황에게) 얼마나 많은 영향을 미쳤는지 확인하는 것은 괴로웠다. …… 나는 그 알현과 우리의 대화가 매우 유익했다고 생각한다. 그분이 매우 솔직했기 때문이다. 나는 누구든 언제나 완전한 지지를 받으리라고 기대할 수는 없다는 것과 우리 활동의 개선에 활용할 수 있는 비판을 듣는 것은 훨씬 유익하다는 점을 배웠다."[2]

요한 바오로 2세 교황의 제안은 근본적으로 로메로의 다리를 잘라 내고, 그가 이루어 온 모든 것을 혼란에 빠뜨리는 것이었다. 이를 고려한다면, 그는 아마도 후세를 위하여 그날의 만남에 대해 매우 선선하게 적었을 것이다.

그러나 로마나 워싱턴, 심지어 산비센테에 있는 사람들도, 로메로가 엘살바도르 교회의 지도자로서 깨달은 것을 어떻게 이해할 수 있겠는가? 그들은 로메로가 엘살바도르 사람들에게서 받아 왔던 영성 지도를 받지 않았다. 그 무렵 로메로는 가난한 사람들이 그 시대의 예언자라고 믿었다. 교황청이나 엘살바도르의 주교들, 산살바도르의 성직 관료들이 예언자는 아니었다. 그는 엘살바도르의 당시 환경에서 좋은 그리스도인이 되는 길을 가난한 사람들과 억압받는 사람들에게서 배우고 있었다. 그리고 엘살바도르와 북아메리카에서 권력을 잡은 특권층과 구세계의 장상들에게 자신이 배운 것을 전해 주려고 분투하고 있었다.

이것은 로메로에게 바치는 단순한 미사여구가 아니다. 그는 엘살바도르 농민들과 함께 땅바닥에 앉아 성경을 공부했고, 본당 사목구 교리실에서 농민들이 풀이하는 성경 해석에

귀를 기울였다. 농민들은 자신들이 존경하는 로메로 주교가 천시당하고 억압받는 사람들에게서 하느님의 본성과 믿음에 대해 배우고 있다는 사실에 놀랐다. 실제로 그는 엘살바도르의 가난한 사람들이 정의를 부르짖으며 절망적으로 외치는 소리에 귀를 기울였다. 그는 가난한 사람들, 그 뜻밖의 예언자들에게서 수많은 사람이 그저 들어 보려고도 하지 않았던 지혜를 들었다.

그러나 로메로가 생각하는 것보다도 지혜를 듣지 않으려는 그러한 거부는 훨씬 더 오래 지속됐다. 아마도 그 지혜는 자기 자신의 체험에 더 가까운 체험을 하는 사람에게서, 멀리 떨어져 있는 그리스도교 세계의 한구석에서 잔혹한 삶의 모순을 직접 체험하고 참으로 새로운 전망을 가져다주는 사람에게서 명확하게 드러나기를 기다렸을 것이다. 아마도 그 지혜는 올바르게 들을 수 있는 귀를 기다리고 있었을 것이다.

언젠가 라틴 아메리카 가톨릭 신자들 가운데 한 사람이 로마의 주교, 곧 교황이 되어 전 세계 가톨릭 신자 대다수의 경험과 전망을 다른 곳의 가톨릭 형제자매들에게 대변해 주리라는 희망은 그저 환상일 뿐이었다. 그러나 그 희망은 마침내 아르헨티나의 호르헤 마리오 베르골리오 추기경의 겸손한 모습으로 실현됐다. 세상 사람들은 그를 프란치스코 교황으로 사랑하게 되었다.

2013년 3월에 교황으로 선출된 뒤 얼마 지나지 않아, 프란치스코 교황은 바티칸의 어두운 복도를 어지럽히는 의견 충돌, 외부인들에게는 불가해한 다툼 속으로 발을 들여놓았다. 그것은 앞으로 그가 공감을 이루며 직접적으로 일하는 방식의 전형이 되었을 것이다. 프란치스코 교황은 1997년에 요한 바오로 2세 교황이 하느님의 종으로 선언한 오스카 로메로의 가로막혔던 시복 시성 절차를 재개했다. 로메로는 하느님의 종일 뿐만 아니라 엘살바도르 민중의 종이었다.

순교한 로메로 대주교의 시복 시성을 두고 의견 충돌을 일으켰던 복잡한 관심사들을 고려할 때, 시성 절차가 재개된 결정적인 순간을 위해서는 프란치스코 교황처럼 로메로가 살아낸 세상과 그의 성덕의 본질을 이해하고 그의 삶과 지혜와 희생을 온전히 존중하는 사람을 기다려야 했다. 그 나라가 중대한 위기를 겪고 있던 시대에 한 젊은이가 권위를 지닌 자리로 급히 올라간 다음, 나중에야 자신이 준비되지 않았음을 깨달

앉다. 그 시기에 베르골리오 신부도 20세기의 이지러진 수십 년 동안 라틴 아메리카의 민중을 잡아 찢었던 역사적·정신적·심리적 격류를 생생하게 체험했다.

로메로 대주교와 프란치스코 교황은 영성과 실천의 길을 나란히 따른 것처럼 보인다. 프란치스코 교황은 교황이 되기 전에 예수회에 소속되어 있었지만 로메로는 예수회원이 아니었다. 그러나 로메로는 예수회원들에게서 교육을 받았으며, 예수회가 세운 로마 교황청립 그레고리오 대학교를 졸업했다. 그는 이냐시오 영성을 깊이 체험하고 존중했으며, 젊은 시절에는 직접 이냐시오 영신 수련을 했다.

두 사람은 예수회의 영성 훈련에 힘입어, '모든 것 안에서 하느님을 찾는다.'는 실천적 의미를 이해하고, 반목과 투쟁을 포함해 세상과 역사 안에서 일하시는 하느님을 찾는 열린 마음을 지니고 있었을 것이다. 대주교로 승품된 뒤, 로메로는 그 공동체에 절실히 필요한 일들을 살펴보면서, 경제적·정치적 세력이 온 나라를 억압하고 있음에도 현란한 예식과 경건한 신심 생활 뒤로 숨어 버린 엘살바도르 교회의 폐쇄성을 도무지 이해할 수 없었다. 그는 교회가 그 시대의 관심사에 참여하는 길을 모색했다. 프란치스코 교황의 말대로, 닫혀 있는 교회가 무슨 쓸모가 있는가? 교황은 교회가 삶의 난장판을 받아들이라고, 삶의 기쁨과 슬픔을 받아들이라고 권고한다. 그러면서 교회가 영적으로 상처받은 사람들이 도움을 구하는 진료소나 의원이 되어야 한다고 말한다. 로메로의 삶에서도 그러한 교회의 모습은 결코 은유가 아니라 일상의 현실이 되었던 때가 있었다.

훌륭한 예수회원의 풍모대로, 로메로는 토론과 식별을 믿는 사람이었다. 그도 분명히 권위적인 결정을 한 적이 있지만, 그럼에도 그가 대주교로서 매우 극적인 행동을 하고 결정을 내린 적이 있었다. 예를 들자면, 그는 루틸리오 그란데 신부가 암살당한 다음 주일에 전국에서 단 한 대의 단일한 미사만 거행하기로 결정했다. 다른 사제들과 오랜 시간 협의를 하고 의견들을 신중하게 숙고한 다음에 이 중요한 결정을 내린 것이다. 로메로는 사람들의 의견에 균형을 유지하는 것 외에는 자신의 감정이나 관심사를 강력하게 드러내지 않았다. 그러한 식별과 협의를 통하여 그는 자신의 전망과 활동 영역을 좁히려는 보수적인 본능과 성향을 극복할 수 있었다.

로메로는 우상 숭배를 거듭거듭 경고했다. 그것이 사회적 특권이든, 물려받았다는 경제적 질서든, 그에 대한 마르크스주의적 반대든, 무엇이든 우상으로 삼는 것을 경고했다. 그는 늘 그가 사랑했던 가난한 사람들의 삶에서 그러한 문제들에 대한 지혜를 찾았다. 로메로는 이렇게 말했다.

"가난한 사람은 하느님을 향해 돌아서서 하느님께 그의 모든 믿음을 두는 사람이다. 부자는 하느님께로 돌아서지 않고 그의 믿음을 우상에, 곧 돈과 권력과 물질적인 것에 두는 사람이다. …… 우리의 모든 활동은 우리 자신과 모든 사람이 가난의 진정한 의미를 깨닫는 방향으로 향해야 한다. 그리스도께서는 그 신비를 이렇게 말씀하셨다. 너희는 하느님과 재물을 함께 섬길 수 없다."[3]

호르헤 추기경은 아시시의 프란치스코 성인의 이름에 따라 교황명을 선택했다. 12세기의 그 성인은 평화의 사람이었으며, '피조물을 사랑하고 보호하는 사람'이었다. 무엇보다도 그는 가난한 사람이었으며, 가난의 퇴락과 창의력, 가난의 압박과 그 기쁨을 아는 사람이었다. 프란치스코 교황은 교황으로 선출된 다음 날 이렇게 말했다.

"저는 가난한 사람들을 위한 가난한 교회를 매우 좋아합니다."

오스카 로메로, 가난한 사람들의 수호자이며 목소리 없는 사람들의 목소리인 그는 가난한 사람들을 위한, 가난한 사람들의, 가난한 교회의 해방과 기쁨을 내밀하게 이해했다. 엘살바도르의 현실에 대한 외로운 저항을 시작한 뒤, 로메로는 곧바로 엘살바도르의 거의 모든 형제 주교들과 그가 도전을 제기했던 특권층에게 버림받았다. 워싱턴의 정치 후원자들은 엘살바도르의 지정학적 전략을 지지했기 때문에, 이를 뒤집겠다고 위협하는 로메로가 그들에게는 걸림돌이었다. 가난한 사람들이 그에게 남겨진 전부였다. 가난한 사람들은 그 사실을 알았기 때문에 로메로를 더욱 사랑했다.

로메로가 멕시코 푸에블라에서 열린 라틴 아메리카 주교회의 총회를 마치고 돌아왔다. 그 회의에서 중남미 주교들은 교회의 '가난한 사람들을 위한 최우선의 선택'을 받아들였다. 그가 돌아온 뒤 다음 주일인 1979년 2월 18일에, 그는 강론 때 이렇게 말했다.

"부유한 사람들과 가난한 사람들에 대한 강론을 할 때에 우리는 가난한 사람들의 죄악에 영합하거나 부유한 사람들의 덕행을 무시하지 않습니다. 부자나 빈자나 모두 죄를 지니고 있고, 모두 회개가 필요합니다. 그러나 곤궁한 처지에 있는 가난한 사람들은 회개할 자세를 갖추고 있습니다. 그들은 자신들에게 하느님이 필요하다는 것을 잘 알고 있습니다.
그러므로 우리가 참으로 회개와 신앙의 의미를 배우고자 한다면, 우리가 다른 사람을 신뢰한다는 것이 무엇을 의미하는지 배우고 싶다면, 우리는 반드시 가난해져야 합니다. 적어도 가난한 사람들의 요구를 반드시 우리 자신의 대의로 삼아야 합니다. 신앙과 회개를 체험하기 시작할 때에 바로 그래야 합니다. 우리가 가난한 사람의 마음을 지닐 때에, 자본이나 정치적 영향력이나 권력은 아무런 쓸모가 없고 또 하느님께서 안 계시면 우리는 아무것도 아니라는 것을 알 때에 바로

그래야 합니다."⁴

프란치스코 교황과 로메로 대주교는 놀랍도록 진실한 단순성과 겸손함과 검소함을 공유하고 있다. 그러한 까닭에 그들은 자신들의 교회 지위에 어울리는 많은 상징적·실제적 특권들을 거부했다. 바로 자신들이 입는 옷이나 교통수단까지도 그렇다. 그들은 모두 성소가 요구하는 공동체 생활을 검소하게 실천했다. 그것은 실제적·심리적으로 고립된 환경에서 쉽게 지속할 수 있는 것이 아니며 그들에게도 쉽지 않았다.

프란치스코 교황은 지위에 따르는 안락한 의식주나 구조적 감금을 거부했다. 그는 1903년 이래 지속되어 온 전통을 깨고 교황 궁에 머물기를 거절했다. 그리고 교황청에서 일하고 있거나 모임과 회의를 위하여 바티칸을 방문하는 사제나 주교가 머무르는 바티칸의 현대식 게스트하우스인 성녀 마르타의 집에서 머물렀다. 이러한 선택에서 그가 다른 사제와 주교와 함께 공동체 생활을 하고자 하는 그의 열망이 드러난다. 이와 비슷하게, 로메로는 대주교로 승품된 뒤 호화로운 저택을 거부하고, 디비나 프로비덴시아 병원 경당의 제의실에 딸린 방에서 살겠다고 했다. 나중에는 이 병원의 암 센터 마당에 있는 작은 집에서 생활했다. 그는 마지막 성찬의 희생 제사를 그 병원의 검소한 경당에서 봉헌했다. 두 사람은 그러한 단순성으로 해방되어 자신의 마음과 생각을 이야기할 수 있었다. 그들은 자신의 삶에서 정당성과 권위를 얻고, 기쁜 사랑의 표양을 보여 주었다.

두 사람은 사람들 속에서 기뻐한다. 그들은 사람들 가운데 있고자 하는 깊고도 진실한 욕구를 느낀다. 로메로는 말했다.

"민중이 나의 예언자입니다. 이와 같은 사람들과 함께한다면, 착한 목자가 되는 것도 어렵지 않습니다."

교황으로 선출되고 나서, 프란치스코 교황의 첫 행보는 새 교황을 보려고 베드로 광장에 모인 사람들에게 전통적인 강복을 베푸는 것이 아니었다. 그 대신에 프란치스코 교황은 자신이 져야 할 막중한 책임감에 떨리는 두려움으로, 그곳에 모인 사람들한테 자신에게 축복해 달라고 간청했다. 군중은 깜짝 놀랐지만 이내 환호하며 기도로 응답했다. 이와 마찬가지로, 루틸리오 그란데 신부가 살해당한 날 밤, 로메로는 통곡의 새벽이 다가올 때, 자신이 넘어서야 할 그 문턱을 깨닫고 자신이 받아들이려고 하는 짐에 두려움을 느꼈다. 새벽 네 시에 미사를 봉헌하며 신자들에게 이렇게 말했다.

> "저는 여러분의 기도를 간청합니다. 제가 이 약속을 충실히 지키도록, 제가 저의 민중을 버리지 않도록 기도해 주십시오. 그러면 제 봉사 직무가 요구하는 온갖 위험을 무릅쓰고, 저는 민중과 함께 달려갈 것입니다."[5]

로메로는 관구장 대주교좌성당에서 미사를 거행할 때에 그가 사람들에게 불러일으키는 환호와 관심을 직무 수행 기준으로 삼았다. 그러면서 사람들이 서로 주고받는 애정에서 용기와 활력을 이끌어 냈다. 요즘 프란치스코 교황은 자신의 주일 삼종 기도 연설을 중계하는 텔레비전 시청률을 두 배 가까이 높였다. 그는 스위스 근위대가 기겁을 해도, 군중 틈에서 아기를 들어 안고 입 맞추면서 그 모습을 하나의 정치적·교회적 예술 형태로 복원시켰다. 또한 교황 전용 자동차의 방탄

유리를 태평스럽게 거부했다. 방탄유리는 개인의 안전을 지켜 주는 것이지만, 그에게는 단지 정신적으로 고립시키는 거리를 만들어 주는 것이었다. 로메로는 대주교에게 제공되는 경호대를 거절했다. 그러한 거절은 정부가 제공하는 '도움'에 대한 냉소로 충분히 여겨지지만, 그것은 정부에 대한 하나의 정치적 저항 행위였으며, 그것은 엘살바도르 민중과 이루는 연대의 표현이기도 했다. 그는 이렇게 말했다.

> "저의 민중이 보호받지 못하는 동안에는 저도 보호받고 싶지 않습니다. 민중과 더불어, 저는 제 성소가 저에게 요구하는 모든 위험을 무릅쓰고자 합니다."

두 사람은 모두 보수적이고 책을 좋아하는 내성적인 사람들로 여겨져 왔다. 어떤 사람들은 프란치스코 교황을 '우파右派'라고 여기지만, 프란치스코 교황은 스스로 결코 우파였던 적은 없었다고 밝힌다. 그는 매우 젊은 나이에 관구장으로 임명됐기 때문에 불안했고, 권위적인 모습을 보였다. 그래서 어떤 사람들에게는 그가 우파로 보였을 것이다. 엘살바도르의 계층적·사회적 격동의 시대에 로메로는 대주교로 '안전한' 임명이라고 여겨졌다. 그러나 그 시대에도 로메로의 비전과 의식은 위축되지도 않고, 생명을 잃어버린 화석이 되지도 않았다. 두 사람은 해방과 기쁨과 용기로 힘차게 성취할 수 있는 일들을 보여 주었다.

그들은 목자로서 매우 비슷한 면모를 지니고 있다. 역사와 인종과 신앙이 독특하면서도 때로는 잔인하게 교차되어 온 라틴 아메리카 출신으로서 두 사람은 비슷한 면모를 보인다. 프란치스코 교황이 교회 문제에 대하여 처음으로 내린 과감한 조치 가운데 하나는 로메로의 시성 절차를 재개한 것이다. 그는 라틴 아메리카 민중에게 사랑받고 있는 신세계 출신 동료 주교의 시성을 가로막고 있던 장애물을 없앴다.

왜 시복 시성 절차를 재개하는 일이 필요했는가? 로메로의 시복 시성 안건에 대한 예비 심사가 1993년 엘살바도르에서 시작됐다. 그 이후 교황청 신앙교리성에서는 로메로의 신앙에 대한 정통성과 교회에 대한 충실성을 여러 해 동안 계속해서 검토했지만, 2005년 7월까지 '확인'되지 못했다.[6] 로메로가 암살당한 뒤 30여 년이 지난 뒤에도, '로메로 성인'을 사랑하는 사람들은 여전히 공식적인 시성을 기다리고 있었다.

교회는 전통적으로 순교자의 지위를 가톨릭 신자였기 때문에 죽임을 당했거나, 신앙에 대한 증오로 살해당한 사람들에게만 부여해 왔다. 로메로의 순교는 분명히 다른 종류의 것이었다. 로메로는 정치적인 순교자였는가, 아니면 영신적인 순교자였는가? 제대 앞에서 저격당한 로메로의 죽음은 그의 신앙 때문인가, 아니면 그의 정치 행위 때문인가?

엘살바도르와 로마에서 권력을 가진 사람들은, 로메로가 그의 신앙이나 가난한 사람들을 위하여 죽은 것이 아니라, 정치 투쟁을 벌이던 '투사'로서, 더 나쁘게는 공공의 무질서를 조장하는 사회의 적대자로서 죽은 것이라는 논지로, 그의 시성을 반대하는 운동을 조용히 펼쳐 왔다. 로메로는 생전에도 엘살바도르에서든 로마에서든 국민을 편 가르기 한다는 힐책을 견뎌 냈다. 바로 로메로가 속해 있는 주교회의 내부에서도 힘 있는 주교들이 대주교인 그를 비난했으며, 그가 살해당한 뒤에도 그의 시복 시성 절차를 반대했다. 그것은 그들에게 엘살바도르가 고통을 겪던 시기에 자신들이 보호하려고 했던 특권층과 그들의 역할에 대한 고발장으로 여겨졌다. 게다가 로메로가 죽은 뒤에 무기를 들고 저항했던 엘살바도르 좌파들에게 그가 비공식적인 상징이 되었다는 것은 그의 시성 절차에 아무런 도움이 되지 못했다.

그의 순교 기일忌日인 3월이 다가올 때마다 로메로의 성덕을 옹호하는 사람들은 희망을 안고 그가 성인으로 추대될 것이라는 공식적인 발표를 기다려 왔다. 지금까지는 헛된 기다림이었다. 베네딕토 16세 교황은 2007년에 로메로가 "분명히 위대한 신앙의 증인"이었으며, 그는 "시복될 자격이 있습니다. 나는 이를 의심하지 않습니다."라고 말했다. (교황은 이 말을 기자들 앞에서 했음에도 공식 기록에서 터무니없이 빠지고 말았다.) 교황은 로메로의 시복 절차에 장애물들이 놓여 있다고 설명했다. 그 무렵에도 어떤 집단이 로메로를 정치적 인물로 몰아붙이려고 부당한 노력을 기울이고 있었던 것이다.

로메로는 생애의 마지막 몇 해 동안, 억압받는 엘살바도르 민중에게는 희망의 시금석이었지만, 동시에 그 나라를 지배하는 특권층의 온갖 비난을 끌어들이는 분노의 피뢰침이었다. 엘살바도르의 군사적·경제적 특권층 그리고 우연은 아니지만 미국의 권력자들에게 그리스도 신앙의 진리를 설파

할 때에, 로메로가 제기하는 도전은 그들에게 논란과 분노를 불러일으킬 수밖에 없었다. 로메로는 그 시대의 매우 훌륭한 성직자로 알려졌다. 대주교로서 그가 대중 앞에 나서는 모습은 텔레비전과 라디오 뉴스를 통해 국내외로 전해졌다. 그는 교구 신문에 주간 기고자로서 자신의 생각을 펼쳐 나갔다. 그의 강론은 생방송으로 중계되어 신속하게 퍼졌다. 그의 주간 라디오 연설은 민중을 사로잡았다. 신문 기고에서부터 거리의 즉석 논평에 이르기까지 개인의 말들을 모두 모아서 정치적이거나 선동적인 발언을 추려 내는 일을 누가 하지 못할까? 로메로는 '혁명'에 대해 때로는 혁명을 촉구하는 것처럼 말하지 않았는가?

그가 그랬다는 것은 사실이다. 로메로는 격정적인 순간에, 국내의 정치 문제나 로마 교황청의 음모를 비난하는 것처럼 들리도록 말했을 것이다. 그도 다르게 표현했으면 더 나았을 것이라고 생각했을 것이다. 로메로의 열정적인 발언들은 생전의 그를 비난하고 폄하하는 데 이용되기에 충분했다. 그리고 이후 로메로의 시복 시성 절차를 가로막는 데 충분히 이용될 수 있는 것이었다.

그러나 로메로가 '혁명'이나 '투쟁'과 같은 정치적 용어를 사용했던 극소수의 경우에, 분명히 그는 엘살바도르 내부의 무장 저항과는 전혀 다른 투쟁과 전혀 다른 혁명을 생각하고 있었다. 궁극적으로 로메로가 말했던 혁명은 계급 투쟁으로 이루어지는 것이 아니라 모든 사람이 체험할 수 있는 혁명이다. 오직 사람들의 머리와 가슴속에서 드러나는 정신 혁명이다. 억압하는 사람들과 억압받는 사람들을 모두 압도하며, 그러한 말들을 무의미하게 만드는 혁명이다.

로메로는 정치적인 인물이었는가? 그렇다. 그는 분명히 정치적인 인물이었다. 그는 엘살바도르의 사회적 투쟁을 정치 갈등으로 이해했고, 그 투쟁에서 가난한 사람들의 편에 섰으며, 교회도 그래야 한다고 주장했다. 그의 눈에 이것은 결코 마르크스주의자들의 계급 투쟁이 아니었다. 이것은 단지 민중이 사회의 실제 폭력에서 자신들을 보호하고, 스스로 공권력의 불의와 정치적 억압에서 벗어나 더 정의롭고 평등한 사회를 건설하려는 투쟁이었다. 이것은 부유한 사람들이 보기에 자신들이 절대 내놓지 않으려고 하는 특권을 일부 공유하자는 것이었다. 로메로는 부유한 사람들을 회개시키면서 공동체를 복원하기 위한 희생으로 그들에게 그 특권을 조금 내놓으라고 설득했다.

로메로는 수많은 엘살바도르 혁명가가 마르크스주의적 계급 투쟁을 수행하는 이데올로기 전사가 아니라는 것을 알게 되었다. 그들은 농민들이었고, 교육을 받은 농민 자녀들이었다. 그들은 흔히 그 시대 중앙아메리카의 역사적·지리적 상황에서 생명을 짓밟는 경제적·사회적 억압 세력의 폭력에 맞서 민중을 보호하려는 사람들이었다. 그들의 투쟁Lucha은 당시 중앙아메리카의 역사적 현실로, 19세기나 20세기 초 유럽의 이데올로기 투쟁에 뿌리내리고 있던 것이 아니었다. 그는 수많은 사람이 마르크스주의 교조가 아니라 바로 교회의 가르침에 따라 사회 불의에 저항하려고 일어섰다는 것을 알았다.

로메로는 혁명 분자들을 지지했는가? 그는 엘살바도르 안에 있는 혁명 세력의 일부 폭력적인 측면을 비판하고 그들의 전략을 우려했다. 그러면서 스스로 보호할 힘이 없는 사람의 권리를 지지하고, 자기 가족들을 먹이려고 음식을 조금 훔친 굶주린 사람의 권리를 옹호하는 것과 같은 방식으로 그들을 지지했다. 바로 이러한 신념은 마르크스주의 변증법에 근거한 것이 아니라 가톨릭교회의 교리서에 토대를 둔 것이었다. 로메로는 그 차이를 식별할 수 있었지만, 냉전의 수렁에 빠져 있던 유럽 사람들이나 그를 비방하던 사람들은 그 차이를 몰랐다. 그들의 상상력은 공산주의와 싸우는 교회의 오랜 반공 투쟁으로 너무 얼어붙어 있어서, 모든 혁명과 혁명가가 똑같이 생겨난 것이 아니라는 사실을 이해할 수 없었다.

로메로 서거 30주기인 2010년, 많은 사람은 분명히 로메로의 시복이 발표될 것이라고 생각했다. 그때 산살바도르의 호세 루이스 에스코바르 대주교는 교착 상태에 있는 시복 절차에 대해 어떤 사람들이 "로메로의 이미지를 조작하고 정치적 논쟁 거리로 삼거나 이용하려는"[7] 결과라고 설명했다. 로메로의 시성 절차는 일부 힘 있는 주교들의 우려 때문에 계속 미뤄졌었다. 그들은 로메로의 시성이 교회가 해방 신학을 승인한다는 신호가 될 것이라고 우려했다. 성경 해석의 논란이 집중되는 해방 신학과 마르크스주의적 사회 비판은 오랫동안 라틴 아메리카의 상황을 매우 편안하게 여겼던 일부 성직자들을 불안하게 만들어 왔을 것이다.

그것은 분명히 로메로를 괴롭혀 왔던 걱정이었을 것이다.

로메로도 한때는 그런 조심스러운 성직자들 가운데 한 사람이었으며, 해방 신학의 일부 주창자들의 과격한 주장을 완화시켜 보려고 노력했다. 그는 억압당하고 힘없는 사람들에 대한 옹호와 노골적인 정파적 주장 사이에서 균형을 유지해야 할 필요가 있다고 생각했고 그 어려움을 이해했다. 그 결과, 엘살바도르 가톨릭교회의 모든 '우파'는 스스로 보호할 힘이 없는 사람들을 옹호하는 로메로 주교에게 점점 더 분노했고, 가톨릭 '좌파'는 로메로 주교의 소심함을 드러내 놓고 비난했다. 이로 인해 그의 시성 절차가 매우 오랫동안 좌절되어 온 것을 두고 로메로의 실제 신앙이나 영성 문제를 논하기보다 지난 30여 년 동안의 교황청의 정치에 대하여 더 많이 이야기해야 할 것이다.

그러나 한 성인의 성덕을 확인하는 다른 길들도 있다. 직접 로메로를 알고 사랑했던 사람들 대부분은 로메로를 성인으로 인정한다는 로마의 공식 승인이 필요하지 않았다. 로메로가 살해당하고 사흘 뒤에, 산살바도르 시청 관리들과 대교구의 법률 대리인이 대주교의 사망 증명서를 작성하고 있었다. 시청 관리들이 법률 대리인에게 물었다.

"정말로 우리가 성인의 장례를 거행하는 건가요?"[8]

엘살바도르의 가난한 사람들과 억압받는 사람들은 로메로가 성인이라는 것을 의심하지 않았다. 여러 해가 지나는 동안, 전 세계의 수많은 가톨릭 신자는 로메로와 그의 유산인 신념과 용기에 대하여 배우고 있었으며 그의 성덕을 확인하는 데에 어떠한 공식적인 말도 필요하지 않았다.

엘살바도르 민중은 이미 그를 성인이라고 선언했다. 산살바도르의 거리에서 로메로는 결코 '인정'받지 않은 적이 없었다. 그는 사람들의 마음속 가장 깊은 곳에 참된 성인으로 살고 있다.

로메로가 성인이라는 민중의 선언은 로마의 공식 심사를 통과하지 못할 수도 있지만, 그 선언은 교회가 처음 1천 년 동안 성인들을 공경해 왔던 방식과 다르지 않다. 그때에는 존경받던 사람이 세상을 떠난 뒤에 주교를 비롯한 고위 성직자들이 아니라 바로 일반 신자들이 그의 성덕을 알아봤다. 보안대가 순교한 대주교를 추모하러 모인 사람들을 공격해 로메로의 장례 예식이 피바다로 변해 버린 그 순간, 엘살바도르 민중이 그들의 대주교를 향해 지니고 있던 애정과 신심은 분명하게 드러났다. 이제는 해마다 그가 순교한 기일이 되면 수많은 사람이 행진을 한다. 때로는 엄청난 위협을 무릅쓰고 행진해 왔다. 민중이 외치는 저항의 목소리 또한 로메로를 성인으로 받든다는 민중 선언이며 그를 공경하는 저항의 몸부림이다. 그러한 공경, 곧 민중의 시성은 분명히 로메로가 바랐던 것이라고 할 수 있다.

오스카 로메로의 시복 시성 과정에 관하여*

프란치스코 교황이 즉위한 뒤 교회에 새 바람이 불었다. 교황은 2014년 8월 14일부터 18일까지 우리나라를 찾아왔다. 아시아 청년 대회에 참석하고 한국 순교 복자 124위 시복식을 거행하는 가운데, 어린아이들을 안아 주고 특별히 고통받는 사람들에게 서슴없이 다가가는 교황의 행보가 세월호 참사를

---

* 오스카 로메로 대주교의 시복 시성 과정에 관하여 역자가 사도좌와 한국 천주교 주교회의 홈페이지에서 옮긴 교황의 발언과 주요 자료다. 프란치스코 교황은 2017년 7월 11일에 발표한 자의 교서 〈이보다 더 큰 사랑 Majorem hac dilectionem〉에서 시성 절차법인 교황령 〈완덕의 천상 스승 Divinus perfectionis Magister〉을 개정하며 사랑 때문에 다른 사람을 위하여 '목숨을 내놓는 것oblatio vitae'을 기존의 덕행이나 순교와 다른 새로운 시복 시성 '안건'으로 추가했다. 이로써 로메로의 시복 절차가 지연되거나 중단됐던 것과 같은 문제들, 곧 특정 순교 상황을 판단하는 신학적·법률적 논란을 없애고, 시복 시성 '안건'의 폭을 넓힌 것이다.

겪은 우리 사회에 많은 위로와 감동을 주었다. 8월 18일, 로마로 돌아가던 비행기 안에서 관례대로 기자 회견이 열렸다. 〈연합뉴스〉의 한 기자가 교황의 행동이 '정치적으로 오해받을 수 있는 것'을 걱정하지 않느냐고 물었다. 이에 교황은 인간의 고통 앞에서는 "중립을 지킬 수 없다."라고 대답했다. 전 세계 사람들에게 큰 감동을 불러일으킨 말씀이었다. 그 주어는 교황인 '나'가 아니라 '너'였다. '너는, 당신은, 여러분은' 인간이 고통을 받는 자리에서 중립적일 수 없다. 네가 인간이라면 고통받는 사람들에게 더 가까이 다가서야 한다는 뜻으로 받아들여야 할 것이다.

정치적 오해와 관련하여, 로메로에 관한 이야기가 기자 회견 끝 무렵에 나왔다. 정치 투쟁을 벌이던 투사이지 순교자가 아니라는 논리로, 해방 신학에 대한 교황청의 부정적인 감각으로, 로메로 주교의 시복 절차가 중단되어 있다고 알려져 있었다. 〈로이터Reuters〉의 한 선임 통신원이 물었다.

"교황님은 순교에 대하여 말씀해 오셨습니다. 로메로 주교의 시복 절차는 어느 단계에 있습니까? 이 절차가 어떻게 되리라고 보십니까?"

교황은 이렇게 대답했다.

"그 절차는 신앙교리성에서 이른바 '현명한 이유들'로 가로막혀 있었습니다. 이제 그 장애가 풀렸습니다. 그 절차는 시성성으로 넘어가, 통상적인 절차를 따르고 있습니다. …… 제가 바라는 것은 '신앙에 대한 증오 odium fidei'로 죽었다는 순교의 명료화입니다. …… 제가 보기에 로메로는 하느님의 사람입니다. 그러나 그 절차를 따라야만 하고, 주님께서도 당신의 표징을 주셔야 합니다. 주님께서 원하시면 그렇게 하실 것입니다."

프란치스코 교황이 처음으로 교황 권위를 행사하여 로메로 순교의 교리 문제를 해결했다고도 한다. 교황이 로메로 시복 시성 절차에서 그의 순교에 대한 교리 문제가 해소됐다고 이 기자 회견에서 공개적으로 밝힌 것이다.

이듬해 1월 8일, 교황청 시성성의 신학 자문 회의는 산살바도르의 오스카 로메로 대주교가 순교자라는 사실을 만장일치로 인정했다. 로메로가 순교했다는 사실 확인이 그의 시복 시성 절차에서 핵심적인 단계라 할 수 있다. 그다음에는 시성성 위원 추기경과 주교들이 표결을 거쳐 교황에게 그의 시복을 건의해야만 한다. 2015년 2월 3일, 프란치스코 교황은 개별 알현에서 시성성 장관 안젤로 아마토 추기경을 접견하고, 로메로 대주교의 순교 사실에 관한 교령(결정문決定文)을 발표하도록 승인했다. 로메로 시복식은 그해 5월 23일 산살바도르 구세주 광장에서 신자 약 25만 명이 참석한 가운데 시성성 장관 아마토 추기경의 주례로 거행됐다.

  시성성은 2018년 2월 6일에 오스카 로메로 복자에 관한 기적 심사를 마치고, 3월 6일에 기적 심사에 대한 교황 승인을 받았다. 그리고 5월 19일에 열린 추기경 회의에서 로메로 대주교의 시성 계획이 발표됐다. 로메로 대주교의 시성식은 2018년 10월 14일 로마 성 베드로 광장에서 거행된다.

ROMERO

제1장

죽음이 대주교에게 다가오다

 아무도 눈치채지 못했다. 빨간 폭스바겐 파사트가 천천히 들어와, 디비나 프로비덴시아 병원 안에 있는 매우 소박힌 경당 가까이에 멈췄다. 그 경당 앞 도로에 또 다른 차량 두 대가 나타났다. 한 대에는 암살자를 지키는 '보안대'의 무장 괴한들이 타고 있었고, 다른 한 대에서는 암살 작전을 감독하는 두 사람이 작전 결과를 확인하기 위해 기다리고 있었다.

 파사트 운전자 아마도 가라이는 낯선 남자를 태우고 있었다. 마르고 수염이 난 그 남자가 가라이에게 밖으로 나가 몸을 구부리고 무엇인가를 고치는 척하라고 말했다.[9]

 산살바도르의 평범한 저녁인 어느 무더운 날, 친절한 가르멜 수녀들이 한 줄기 시원한 바람이 들어오기를 바라며 날개 모양의 경당 문을 활짝 열어 두었다. 디비나 프로비덴시아 경당의 활짝 열린 문을 통하여 암살자는 제대에 있는 오스카 로메로 대주교의 모습을 확실히 볼 수 있었다. 로메로는 한 친구의 어머니를 위하여 봉헌하는 위령 미사에서 강론을 하고 있었다. 강론이 열기를 더해 가고 있을 때, 로메로는 말했다.

"사랑하는 형제자매 여러분, 우리는 오늘 저녁 우리가 사랑하는 사라 부인의 영원한 안식을 위하여 기도해야 합니다. 무엇보다도 부인이 남긴 메시지, 곧 모든 그리스도인은 열정적으로 살아야 한다는 이 메시지를 우리 자신의 것으로 삼아야 합니다. 많은 사람은 이를 알아듣지 못하고, 그리스도교에서 그러한 것들에 관여하지 말아야 한다고 생각합니다."

로메로는 물질세계를, 우리가 살고 있는 시대의 온갖 문제를 '것들'이라는 말로 가리켰다. 그는 강론을 계속했다.

"그러나 그와 반대로, 여러분은 방금 그리스도의 복음에서 이러한 말씀을 들었습니다. 누구나 자기 자신만을 사랑하여 역사가 우리에게 요구하는 목숨이 위태로운 일에 관여하는 것을 회피해서는 안 됩니다. 그러한 위험에서 도망치려는 사람들은 자신의 목숨을 잃을 것입니다. 그렇지만 그리스도를 향한 사랑으로 다른 사람들을 섬기려고 자기 자신을 내어 주는 사람들은 겉으로 보기에는 죽어 가는 밀알 같지만, 그들은 살 것입니다. 밀알이 죽지 않으면 한 알 그대로 남습니다."

그 경당에 모인 사람들과 그의 말을 나중에 라디오에서 듣게 될 사람들에게 오래도록 잊지 못할 강론을 마무리하며 그는 이렇게 말했다.

"그 밀알은 오직 죽음으로써 많은 열매를 맺습니다. 기꺼이 땅에 떨어져 부서지고 희생됨으로써 많은 열매를 맺습니다. 오직 자기 자신을 버림으로써 그 밀알은 풍성한 수확을 가져다줍니다."[10]

이윽고 그는 성체를 축성하고 나서 그 성체를 제대 위로 높이 들어 올렸다. 그전에도 수천 번 그랬듯이, 그의 두 눈은 높이 들린 그 성체를 바라보았을 것이다. 잠깐이라도 경당의 열린 문으로 밖을 내다보았다면, 그는 자신을 조준하고 있는 젊은이를 보았을 수도 있다. 만약 그랬다면 그는 두려웠을까, 도망치고 싶었을까? 그것은 중요하지 않다. 로메로는 죽는 바로 그 순간에 우리가 미사를 봉헌하며 거양 성체 때에 그렇게 하듯이 십자가에 달리신 예수님을 바라보았을 것이다. 그는 최후 강론을 할 때에 죽음이 자신을 쫓고 있다는 것과 자신이 하는 말이 죽음을 더 가까이 불러들이고 있다는 것을 알고 있었을 것이다. 그는 분명히 자신이 침묵할 때에만, 살인과 억압과 빈곤에 대하여 입을 닫고 있을 때에만, 죽음이 자신에게서 멀어져 가리라는 점을 알고 있었다. 그 무렵 엘살바도르에는 매우 많은 사람이 살생부殺生簿에 들어 있었다.

그는 최후 강론에서 마지막 순간, 이렇게 말했다.

"사랑하는 형제자매 여러분, 우리 모두 이 역사적 순간에 이러한 문제들을 (희망을 가지고) 자신을 내어 주는 희생정신으로 바라봅시다. 우리 모두 할 수 있는 일을 합시다. 우리가 지상에서 체험하는 정의와 평화, 행복에 대한 모든 갈망은 우리가 그리스도의 희망으로 그러한 문제들을 밝힐 때에 우리에게 실현될 것입니다. 우리는 어느 누구도 영원히 살 수 없다는 것을 압니다. 그러나 하느님을 사랑하는 큰 믿음으로 자신의 일을 하는 사람들은, 마침내 빛나는 왕관의 광채 속에서 그 모든 결실을 보게 될 것입니다. 그것은 지상에서 진리와 정의, 사랑과 행복을 가꾸며 믿음으로 일하는 사람들이 받는 상급입니다. 그러한 노력은 이곳 지상에만 머물지 않고, 하느님의 성령으로 정화되어, 우리가 받게 될 상급이라는 열매를 맺을 것입니다."[11]

빨간 파사트에서 나와 있던 가라이는 총소리를 들었다. 그는 주위를 둘러보다가 차에 타고 있던 남자가 자동차 뒤편 오른쪽 창문에서 두 손으로 총을 들고 오른쪽을 겨냥하고 있는 모습을 보았다. 가라이는 화약 냄새를 맡았다. 그 남자가 가라이를 향해 조용히 말했다.

"천천히 운전해. 걱정하지 말고."

가라이는 그 남자가 시키는 대로 했다. 그들이 출발할 때에 아무도 암살자들을 가로막지 않았다. 두 사람은 말없이 차를 몰고 작전 감독관들에게 갔다.

"임무 완수."

그 마르고 수염이 난 남자가 감독관들에게 말했다.

엘살바도르에서 라디오를 들을 수 있는 사람들이나 직접 미사에 참석한 사람들은 로메로의 강론을 들었다. 그의 말은 수많은 사람에게 용기와 희망을 가져다주었다. 그러나 똑같이 그 강론을 들었던 어떤 사람들은 그저 냉혹한 증오심만 느낄 뿐이었다. 어떤 사람에게 로메로의 강론은 '하루 종일 살아갈 양식'이었다. 대주교 암살 음모에 가담했던 자도 나중에 그렇게 기억할 것이다. 가난한 사람, 노동자, 혁명가들은 분명히 로메로의 말에 귀를 기울였다. 그러자 암살단 감독관들과 기업가, 지주 계층은 엘살바도르 농민들의 사회의식이 높아지는 데에 놀랐다.

"농민들은 계속해서 로메로의 강론을 이야기했다. 그는 민중을 일깨우는 사람이었다."

암살 음모에 가담한 한 명이 그렇게 기억하고 있다.[12]

로메로가 살해되던 날 밤, 엘살바도르 지배 계층과 군부에서는 축하 판이 벌어졌다. 로메로 대주교를 죽이라고 명령을 내린 자들은 사건이 일어난 것을 알고 그 일로 기분이 좋은 사람들과 축하를 나눈 것이다. 산타테클라 농장에 있는 사람들은 특히 만족해했다. 그곳에는 엘살바도르 반공反共 지도자인 로베르토 도뷔송이 추종자 한 무리와 함께 암살 작전 결과를 기다리고 있었다. 그러나 30년 뒤에, 로메로 암살에 직접 책임을 져야 할 사람들은 그 누구도 기쁨을 느끼지 못할 것이다. 도뷔송은 혀암으로 죽었다. 암살 음모에 직접 관여했거나 그러한 의심을 받은 사람들도 대부분 죽었다. 로메로를 암살한 데에 자신이 어떤 역할을 했다고 기뻐하는 극소수의 사람이 남아 있다 하더라도, 지금은 그저 무덤에나 대고 속삭일 수 있을 뿐이다. 그러나 로메로에게 직접 방아쇠를 당긴 범인은 실제로 잡히지 않았다.

알바로 라파엘 사라비아 대위는 1980년 3월 24일 밤, 축하 판에 있었으나, 그의 기쁨은 오래가지 못했다. 그는 암살을 공모한 사람들 가운데 여전히 생존해 있는 몇몇 사람들 가운데 한 사람으로, 1992년 엘살바도르에 평화가 찾아온 뒤에도 도피와 망명으로 목숨을 부지했다. 그때를 되돌아보면 도뷔송이 가장 신임하던 참모인 그가 있어서 대주교 암살 '작전'이 매우 전문적으로 이루어졌을 것이다.

사라비아는 오랫동안 의심을 받아 왔다. 사람들은 그가 파사트를 타고 온 남자, 방아쇠를 당겼던 암살자라고 지목했다. 그는 사람들이 추적해 왔기 때문에 미국과 중앙아메리카로 도망쳐 여러 해 동안 숨어 살았다. 사라비아는 결국 그날 밤에 있었던 일을 실토했다. 여러 해에 걸친 엘살바도르 내전 동안 그는 로메로 암살 사건과 다른 많은 사람의 살해 사건에서 자행한 범죄로 인해 매우 비싼 대가를 치러야 했다. 엘살바도르 공군 장교였던 그는 1979년에 퇴역한 뒤 1985년에 가족을 버리고 혼자 조국을 떠났다. 미국으로 도피한 그는 그곳에서도 형사 범죄로 재판이 청구될 것을 두려워하여 곧바로 지하로 잠적해 버렸다. 또한 그는 콜롬비아 마약 밀매자들의 자금을 세탁한 혐의를 받고 있었다. 엘살바도르 공군 장교로서 보낸 긍지와 영광의 날들은 사라지고, 그는 미국에서 피자 배달을 하기도 하고, 캘리포니아 모데스토에서 중고차를 팔기도 했다. 샌프란시스코에 있는 인권 기구 '정의와 책임 센터'에서 로메로 암살 사건과 관련해 그에 대한 시민 재판이 열린 뒤에, 그는 또다시 피신처를 찾아 국제적으로 도피하기 시작했다.

로메로 암살 사건이 발생하고 오랜 시간이 지난 뒤, 엘살바도르의 디지털 신문 〈엘파로燈臺〉의 창간 편집인이자 탐사 보도 기자인 카를로스 다다는 사라비아를 찾을 수 있었다. 이때 사라비아는 그나마 오해를 바로잡을 수 있어 다행이라고 여겼다.

"당신이 이 기사를 썼죠, 그렇죠?"

방아쇠를 당겨 대주교를 쓰러뜨린 암살자가 사라비아라고 추정한 기사를 가리키며, 사라비아가 말했다.

"자, 여기 '로메로 대주교를 암살한 뒤'라는 이 말은 틀린 겁니다. 전 그를 죽이지 않았어요."

"그러면 누가 대주교를 죽였습니까? 엘살바도르 외부에서 온 사람이?"

다다가 물었다.

"아뇨."

사라비아가 말했다.

"우리 쪽 사람인 '인디오'가 그랬죠. 아직도 어딘가에서 살아 있을 거요."

　사라비아는 로메로 암살에 대한 자신의 혐의를 부인하는 것인가? 그는 기자에게 투덜거리듯 말했다.

　"전 30년 동안 쫓겨 다녔습니다. 죽을 때까지 쫓겨 다니겠죠. 물론 저도 그 일에 가담했습니다. 그래서 우리가 여기서 이야기를 하고 있는 것이겠죠."[13]

　얄궂게도 그는 자기 나라 국민들과 역사에게서 추방당해 모든 것을 빼앗기고 지옥 속에서 살고 있다. 그는 자기 가족에게서도 쫓겨났다. (그는 다다에게 자신의 자녀들이 "날 히틀러처럼 봐요."라고 흐느끼며 말했다.) 이제 사라비아에게 남은 것이라고는 자신이 엘살바도르에서 공산주의자라고 사냥했던 사람들에 대한 연민뿐이다. 더불어 자기 자신도 연민했다.

　그는 중앙아메리카의 가난한 농촌 마을까지 자신을 추적해온 기자에게 속마음을 털어놓았다.

　"저를 보세요. 언젠가 제가 이 사람들을 위하여 무엇인가를 해야 한다면, 반드시 그렇게 할 것입니다. 무기라도 들겠습니다. 저는 이 사람들과 더불어 고통을 받아 왔습니다. 지금 저에게는 강냉이도 없어요. 바나나를 좀 드세요. 가끔 강냉이가 나오지만 다른 건 전혀 없습니다. 토르티야에는 소금을 쳐야 할 겁니다. 때로는 소금마저 없어요. 여기 맞은편에 한 가족이 삽니다. 가끔 그들은 저에게 토르티야 네댓 개를 가져다줍니다. 그게 공산주의자가 되는 것이라면, 저도 공산주의자죠. 그 당시라면 (도뷔송은) 그 사람들을 공산주의자라고 했을 것입니다. '그놈을 끌어내. 그 집을 부숴 버려. 개자식, 게릴라들과 함께 있었잖아.' 그는 그렇게 말했을 겁니다."

사라비아는 과거 정치 행태의 모순을 생생하게 기억하고 있었다.

"자기 자식들이 굶어 죽는 것을 보고서, 게릴라가 되지 않을 사람이 어디 있겠어요? 저는 총을 잡고 지옥이라도 뛰어들었을 겁니다. 단 3초도 머뭇거리지 않았을 겁니다. 그렇게 하는 데에 여러 말이 필요 없었을 겁니다."[14]

로메로가 미국의 지미 카터 대통령에게 엘살바도르 정부에 군사 원조를 하지 말라고 호소하는 서한을 보냈던 1980년 2월 17일, 그는 자신도 모르는 사이에 순교의 길로 들어선 것이다. 로메로는 그 서한에서 미국이 제공하는 물질적 원조는 그것이 무엇이든 곧바로 엘살바도르 민중을 억압하는 데 쓰일 것이라고 경고했다. 그의 행동은 매우 도발적이었다. 로메로의 생사 여탈권을 쥐고 있는 자들에게 이러한 행동은 더욱 더 깊은 적개심을 불러일으켰을 것이다.

암살되기 전날 밤에, 로메로는 엘살바도르에서 살육이 자행되는 상황을 조금이라도 막기 위해, 절망적이지만 도덕적인 방어막을 설치하려는 시도로, 인간적인 호소를 했다. 그날 밤, 그는 공포를 일으키는 데 많은 책임이 있는 군인들에게 직접 말했다.

"저는 군대에 있는 사람들에게 말하고자 합니다. 특별히 국가 방위군 부대에, 경찰들과 주둔군들에게 말합니다. 형제 여러분, 여러분은 우리와 같은 민족입니다. 그런데 지금 여러분은 바로 여러분의 형제인 농민들을 죽이고 있습니다. 사람이 내리는 살인 명령을 받을 때, '살인하지 마라.'는 하느님의 법을 앞세워야 합니다. 어떠한 군인도 하느님의 법에 어긋나는 명령에 복종할 의무가 없습니다. 그 누구도 부도덕한 법을 따라서는 안 됩니다. 지금이 바로 여러분의 양심을 회복할 때입니다. 죄악의 명령이 아니라 양심의 명령에 순종하십시오. …… 그러므로 하느님의 이름으로, 오랫동안 고통을 받아 온 민중의 이름으로, 날마다 더욱더 큰 소리로 하늘을 향해 울부짖는 백성의 이름으로, 저는 여러분에게 간청합니다. 제가 여러분에게 빕니다. 저는 여러분에게 명령합니다. 하느님의 이름으로 명령합니다. '억압을 멈춰라!'"

우레와 같은 박수와 환호가 터져 나왔다. 라디오 방송국의 기술자들은 대주교의 방송을 저지하기 위해 누군가가 방송을 차단할 것이라고 여겼다. 그러나 그런 일은 일어나지 않았다. 모든 청중은 로메로의 말을 들으며 열렬하게 지지했다.

로메로가 수많은 경고와 위협을 받은 다음에 했던 이 말은 그의 용기와 신앙에 대한 증언이었다. 엘살바도르의 '좌파'에 대한 폭력을 지시하는 사람들은 로메로가 군인들에게 모욕을 퍼붓고 있다고 생각했다. 그들은 로메로의 말을 군인들에 대한 통제와 그들의 보잘것없는 권위에 대한 엄청난 위협으로 받아들였다. 엘살바도르의 직업 군인 가운데 많은 사람이 그들이 습격하라고 명령을 받은 농촌 마을 출신이었다. 로메로가 지적한 대로, 그들은 자신의 마을 사람들, 곧 자신들의 형제자매들을 학대하고 살해한 것이다. 더 나쁘게는, 많은 젊은 이가 비공식적이고 폭력적인 방법으로 길에서 징집당했는데, 그것은 본질적으로 납치였다. 그렇게 잔인한 취급을 받으며 마지못해 끌려온 자들이, 명령이라고는 하지만 그들 스스로 그토록 잔혹한 짓을 저지를 수 있다는 것을 믿어도 되겠는가? 그것도 자신의 마을 사람들에게? 이미 불안한 의혹을 가지고 있었던 특권층 장교들에게 로메로의 이 말은 불안을 더욱 가중시켰다. 그들은 더 이상 참을 수 없었다. '누가 이 사제의 입을 막아 버릴 수 없을까?'

혁명 평의회를 지지하는 엘살바도르 신문들은 이미 로메로 암살을 촉구해 왔었다. 언론은 로메로를 가리켜 "주교좌에서 테러를 전파하는 선동적이고 폭력적인 대주교"라고 비난했다. 어떤 신문은 이렇게 위협했다. "무장 군대는 그들의 무기에 기름칠을 시작해야 한다."

바로 그가 심장에 총탄을 맞기 2주 전에, 한 성당의 강론대 아래에서 폭발물이 담겨 있는 서류 가방이 발견됐다. 그곳에서 그 전날, 로메로가 살해당한 정부 관리를 위하여 미사를 봉헌했었다. 로메로가 마지막 미사를 봉헌하던 날, 그가 저녁에 추모 미사를 봉헌한다는 소식이 대대적으로 광고되었다. 한 교구청 직원이 이러한 추모 미사 광고가 이상하다고 걱정했지만, 로메로는 그 걱정을 가볍게 떨쳐 버렸다.

로메로는 그들이 자신을 죽이러 오고 있다는 것을, 뒤로 물러나기에는 너무 늦었다는 것을 알고 있었을 것이다. 그는 자신에게 죽음이 가까이 다가왔다는 것을 분명히 알고 있었다. 자신이 사랑했던 친구인 예수회원 루틸리오 그란데 신부가 살해당한 뒤, 로메로는 자신이 가고 있는 길이 어디에 이르게 될 것인지 깨닫고 있었다.

다른 사람들의 걱정을 떨쳐 버리면서도 그는 자신이 순교할 땅을 마련하고 있음을 매우 잘 알고 있었다. 그는 자신이 틀림없이 폭력으로 죽게 되리라는 것을 알았다. 여느 사람처럼, 그는 자신의 무서운 운명을 몹시 두려워했다. 로메로는 삶을 사랑했다. 자신의 백성을 사랑했기 때문에 그들을 남겨 두고 떠나고 싶지 않았다. 로메로는 어떠한 일에 직면하든, 자신의 영적인 생명을 기르고 끝까지 안전하게 지키고 싶었다. 그의 마지막 피정에서, 로메로는 자신의 영성 지도자와 나눈 대화를 이렇게 적어 두었다.

"저의 또 다른 두려움은 제 목숨에 관한 것입니다. 이러한 상황에서는 제게 일어날 가능성이 매우 높은 폭력적인 죽음을 받아들인다는 것이 쉽지 않습니다. 바로 이 주간에, 코스타리카 주재 교황 대사가 저에게 위험이 임박했다고 경고하셨습니다. 당신은 저에게 용기를 북돋아 주셨습니다. 제 삶의 끝이 어떻게 되든 신경 쓰지 말고 하느님께 제 목숨을 맡겨 드리는 태도를 지녀야 한다고 말씀하셨습니다. 하느님의 은총으로 전혀 다른 상황에 직면할 수도 있고, 하느님께서는 순교자들을 도와주셨다고 말입니다. 제가 그렇게 된다면, 제가 마지막 숨을 내쉴 때에 하느님께서 매우 가까이 계신다는 것을 느끼게 될 것이라고도 하셨습니다. 그러나 죽음을 받아들이는 것보다 더욱더 용감한 일은 자신의 온 삶을, 하느님을 위하여 살아온 삶을 바치는 것임을 일깨워 주셨습니다."[15]

미국 대사 로버트 화이트는 3월 23일 많은 경호원과 함께 미사에 참석해, "억압을 멈춰라."라고 명령한 로메로의 강론을 직접 들었다. 화이트도 인권 문제에 많은 관심을 갖고 있었기 때문에 지하에서 활동하는 우익 세력들에게는 의심스러운 인물로 여겨졌다. 이에 그는 자신도 살해 위협을 받고 있었다고 주장했다.

"저는 로메로 대주교와 그의 강직함을 진심으로 걱정했습니다."

24년이 지난 뒤 로메로 암살 공모자들을 색출해 내기 위해 캘리포니아에서 시민 재판이 열렸다. 화이트는 이렇게 회상했다.

"우리가 할 수 있는 일에는 한계가 있었습니다. 그가 더 현명해지는 것이 더 나았을 것입니다."[16]

엘살바도르 사람들은 로메로가 죽기 진닐 밤, 그가 군인들에게 호소했던 말을 들었다. 여러 도시의 길거리, 농촌의 언덕 등에서 그의 말을 들었던 사람들은 로메로가 유언을 하고 있다는 것을 정확하게 알았다. 그는 자신의 사형 집행 명령서에 서명을 하는 듯했다. 암살단원들은 이미 오래전부터 온갖 금기를 극복하고, 어떠한 망설임도 없이 사제들을 죽여 왔을 것이다. 이제 그들은 대주교를, 제대 앞에 서 있는 대주교까지 기꺼이 죽일 자세가 되어 있었다.

대주교를 암살하는 데 무엇이 필요하겠는가? 그 시절에는 암살자들의 손에 이미 많은 인력과 자원이 있었기 때문에 암살 계획에 그렇게 많은 것이 필요하지 않았다. 로메로 암살의 원흉인 로베르토 도뷔송은 사라비아의 업무 수첩에 짧은 메모를 작성했다는 혐의를 받았다. 그 메모는 한 사제의 암살 작전을 위한 점검 목록이었다. 사라비아는 그 당시에 매우 다양하고 많은 비밀 작전을 수행하고 있었기 때문에 그 수첩을 통해 그가 책임을 져야 할 어두운 범죄들을 추적할 수 있었다. 여러 해 전부터 미국 관리들은 그 수첩을 통해 밝혀진 많은 일을 이미 알고 있었으며, 미국 외교관들의 말에 따르면, 워싱턴에도 그 일들이 보고됐다.

〈뉴욕타임스 The New York Times〉에서 이 외교관들은 미국 중앙 정보국CIA이 1980년과 1981년 사이에 사라비아의 수첩을 확보했지만, 그에 대한 후속 조치를 하지 않았다고 밝혔다. 당시 엘살바도르에 근무하는 미국 관리들은 그 이유에 대해 이렇게 말했다.

"중앙 정보국은 그들이 공산주의자들을 살해하기만 하면 무슨 일이 벌어지든 전혀 신경을 쓰지 않았어요."[17]

이 수첩은 엘살바도르의 유혈 사태를 파악하는 데 중요한 열쇠로 불리며, 사라비아가 몸담았던 암흑세계를 들여다볼 수 있는 수단이었다. 그 암흑세계에는 엘살바도르에서 암살단을 조직하고 운영했던 도뷔송과 이에 가담했던 기업인들, 그리고 다른 극우파 장교 30여 명이 속해 있었다.

사라비아가 맡은 임무 가운데 하나는 '파인애플 작전'이었는데, 과테말라의 거래처에서 수류탄을 밀수입하는 작전이었다. 이 작전은 로메로 암살 계획을 덮어 버리려는 것으로 의심받았다. 로메로 암살을 위하여 도뷔송이 적은 '필수품' 목록은 스타라이트 1개, 257 로버츠 1정, 자동 지급 품목과 수류탄 4조, 운전기사 1명, 저격수 1명, 보안 요원 4명이었다.

'스타라이트'는 밤에도 소총 사격의 정확도를 높일 수 있는 조준경이다. 저격수는 경당 제대까지 35미터 거리 밖에서 고난도 사격을 해야 했다. '257 로버츠'는 25 구경 레밍턴 소총으로 정확한 사격을 위해 망원 렌즈가 부착되어 있다. 그러나 대주교 암살에 이 무기가 쓰이지는 않은 것으로 보인다. 로메로는 22 구경 총알이 심장을 관통해 살해됐기 때문이다. 사라비아가 '우리 쪽 사람'이라고 한 저격수는 니카라과 사람으로 소모사 정권 때 국가 경비대 출신의 베테랑으로 보인다. 그는

1천 콜론을 받고 고용됐다. 그 금액은 400달러쯤(우리 돈으로 약 50만 원 - 편집자 주) 될 것이다. 그 목록에 적힌 '자동 지급 품목과 수류탄'은 그 작전을 위한 보안 조치를 하며 저격수를 수행하는 요원 4명에게 지급될 것이었다.[18]

대주교를 살해하는 데 무엇이 더 필요했을까? 그들은 로메로를 암살할 운명의 날만 기다리고 있었다. 암살 당일, 아침 일찍이 공모자 한 사람인 에두아르도 아빌라 아빌라 대위가 조간신문 〈라 프렌사 그라피카 *La Prensa Grafica*〉를 들고 사라비아와 다른 요원들을 깨웠다. 그 신문에서 그는 오늘이 로메로를 암살하기에 적합한 날이라는 신호를 발견했다. 그 신문에 인쇄된 미사 거행 예고에는 아빌라라는 이름이 거듭 나타났다. 그는 그것을 하나의 메시지이자 공격 신호로 받아들였다.

그 신문에는 사라 메라르디 데 핀토 부인의 선종 1주기 추모 미사를 예고하는 광고가 실려 있었다. 여사의 아들 호르헤 핀토와 자녀들, 크리에테-아빌라, 키뇨네스-아빌라, 곤살레스-아빌라, 아빌라-메아르디, 아길라르-아빌라, 아빌라-아빌라 가족이 신문 광고란에 '산살바도르의 대주교가 디비나 프로비덴시아 병원의 성당에서 오늘 오후 6시에 거행할 미사성제'에 초대하는 광고를 실었던 것이다. 이 광고를 본 암살 공모자들은 장소와 시간을 알게 됐고, 그들은 그 기사를 하늘로부터 받은 신호라고 여겼다. 이것이 로메로와 함께 일하던 직원이 걱정했던 미사 광고였다.

사라 부인을 위하여 위령 미사를 바치던 그날 저녁, 로메로 대주교는 이렇게 강론을 마쳤다.

"이 잔 안에 든 포도주는 구원의 대가를 치르는 피로 변화됩니다. 인간을 위하여 희생 제물로 봉헌된 이 몸과 피가 우리를 먹여 살리는 양식이 되어, 우리도 우리의 몸과 피를 고통받는 사람들을 위하여 내어 주게 되기를 바랍니다. 우리 자신이 아니라 바로 우리 민중에게 정의와 평화를 가져다주시려고 고통받으시는 그리스도처럼, 우리의 몸과 피를 바치게 되기를 빕니다."

경당의 침묵을 깬 한 발의 총성이 녹음테이프에 기록되어 있다. 암살자는 표적을 발견했고, 로메로는 치명상을 입고 제대 아래 쓰러졌다. 미사에 참석한 수녀들과 다른 사람들이 경당 안에서 일어난 대혼란 속에서 자신의 목숨을 돌보지 않고 재빨리 로메로 곁으로 달려갔다. 그러나 로메로는 이미 숨을 거두었다. 그리고 저격수를 태운 빨간 파사트는 산살바도르의 거리 속으로 사라졌다.

제2장

로메로가 살던 엘살바도르

전기 작가들은 로메로에 대해 타고난 천성이 경건하고 신중한 사람이었다고 말한다. 로메로는 산티아고 데 마리아 교구의 주교가 된 다음, 1977년 2월에 산살바도르의 대주교가 되었다. 그 뒤부터 그는 자신이 돌보아야 할 사람들의 고통을 깨달아 영성적 · 정치적으로 급진적인 인물이 되었다. 보수적이었던 성직자가 주변의 불의와 엘살바도르 농민들의 극심한 고통을 깨달아 갈 즈음, 매우 가까웠던 친구인 예수회원 루틸리오 그란데 신부가 살해당했다. 이 일로 자신의 책임에 대한 영적인 각성을 하게 되었다고 한다. 이는 아마도 '루틸리오의 기적'이라고 이야기해야 할 것이다. 로메로는 처음에 안

전하고 보수적인 인물로 여겨졌기 때문에 대주교로 선택받았다. 그런데 엘살바도르 정부와 군부에서 자행하는 악행과 그에 따른 민중의 고통을 목격한 뒤 가난한 사람들을 위해 용기 있는 변호자로 바뀐 것이다. 그리고 기존 질서에 대한 사회적 비판자와 정치적 반대자로 돌변했다.

그것은 분명히 성직자 생활에 따른 어떤 고립이나 망각이 있을 수 있을 것이다. 로메로는 공부를 하기 위해 여러 해 동안 엘살바도르를 떠나 있었으며, 교회를 위하여 일하는 동안 농촌의 일상적인 현실과는 단절되어 있었다. 엘살바도르의 농민들과 가난한 사람들이 겪고 있는 불의한 상황에 대해 로메로가 뒤늦게 깨달았다는 이야기들이 많다. 로메로가 생애 말년에 '정의에 대한 각성'을 했다는 이러한 이야기에는 어느 정도 진실이 담겨 있을 것이다.

그런데 신부가 살해된 뒤에, 로메로는 대주교로서 엘살바도르 농민들과 민중을 위하여 과감하게 행동했다. 그는 가난한 사람들 가운데서 자라나 가난한 사람들의 처지를 그 누구보다 잘 알고 있었다. 어릴 때에는 그의 아버지가 하던 일로 인해 가난한 사람들과 친밀하게 지냈을 것이다. 청년이 되어서는 사목자로서 가난한 사람들을 직접 보살폈다.

로메로가 사회적으로 각성한 일에 관한 이야기에 따르면, 그는 '급진적인 인물'이 되기 훨씬 전부터 이미 정의와 평화에 대한 문제가 엘살바도르 사회 경제와 얽혀 있는 것을 숙고하고 있었다. 1976년 11월 말에 로메로 주교는 그가 창간하고 편집하는 교구 주보 〈엘아포스톨使徒〉에서 커피 수확과 관련된 도덕적 문제를 이렇게 설명했다.

"언제나 당신의 작품들 안에서 영광을 받으시는 하느님께서 올해도 우리에게 눈부신 루비(빨갛게 익은 커피 콩)를 비처럼 내려 주시어, 수많은 사람의 손으로 우리의 산 어디에서나 그 풍요로운 선물을 거두어들이게 하십니다."

그리고 이어서 이렇게 썼다.

"인간들의 죄가 창조된 아름다운 세상을 신음하게 합니다."

뒤이어 제2차 바티칸 공의회의 사목 헌장 〈기쁨과 희망〉의

69항을 인용했다.

"이러한 까닭에 교회는 하느님의 명령으로 부르짖어야 합니다. '하느님께서는 땅과 그 안에 있는 모든 것을 모든 사람과 모든 민족이 사용하도록 창조하셨다. 따라서 창조된 재화는 사랑을 동반하는 정의에 따라 공정하게 모든 사람에게 풍부히 돌아가야 한다. …… 소유권의 형태가 어떠하든, 언제나 재화의 이 보편적 목적을 명심하여야 한다.'"[19]

짤막한 두어 문장으로 로메로는 엘살바도르의 농민들에 대한 억압의 주요 원인과 행태를 밝혔다. 어떤 사람들은 커피 수확을 통해 부유해지지만, 가난하고 궁핍한 사람들은 항상 굶주리고 억압받을 뿐이었다. 로메로는 제2차 바티칸 공의회의 사목 헌장을 인용해 억압과 특권 위에 세워진 사회 구조에 도전을 제기했다. 이는 신성불가침으로 여겨지는 사유 재산권에도 도전을 제기한 것이다. 그는 경제 · 사회 이론이 아닌, 가톨릭 인간학에 따라 이러한 도전을 제기했다. 커피 수확으로 생기는 재화라는 이 구체적인 문제에서 그는 '지상 재화의 보편적 목적'을 주장했다.

대주교로서 새로운 임무를 맡기 전에도, 로메로는 마음의 변화를 드러내면서 엘살바도르 교회 주변을 휩쓸며 억압하는 정치 세력들에게 경고를 보냈다. 1977년 2월에는, 산살바도르의 조간신문 〈라 프렌사 그라피카〉의 한 짤막한 인터뷰에서 대주교로 임명된 로메로가 이렇게 말했다.

"전통적으로 우리는 깨어 지키며 중심을 잡아야 합니다. 그리고 정의를 추구해야 합니다."

로메로는 사제의 사명이 '매우 종교적이고 초월적'이라고 인정하면서도 이렇게 덧붙였다.

"사제가 공동선의 정치 영역에서 자신의 사명을 수행할 때에, 사회 정의를 추구하는 그 사제를 정부가 정치인이나 파괴 분자로 간주해서는 안 됩니다."[20]

'루틸리오의 기적'은 이미 이루어지고 있었던 것이다.

오스카 아르눌포 로메로 이 갈다메스Oscar Arnulfo Romero y Galdámez는 1917년 8월 15일 산미겔의 시우다드 바리오스에서 태어났다. 시우다드 바리오스는 엘살바도르 동쪽, 온두라스 국경에서 겨우 16킬로미터 떨어진 소도시다. 그 마을에는 엘살바도르나 온두라스의 다른 큰 도시들이나 당시 제1차 세계 대전으로 혼란스러웠던 더 넓은 세계와 이어 주는 도로가 없었다. 로메로가 장성한 뒤에도 그 마을에서 어디를 가야 할 때에는 그냥 걸어가든지 말이나 나귀를 타야 했다.[21]

로메로의 아버지 산토스는 '경건하지 못한'[22] 사람으로 전해진다. 그와 아내 과달루페는 일곱 자녀를 낳아 (한 아이는 태어나면서 죽었다.) 길렀다. 그리고 산토스는 시우다드 바리오스에 사는 다른 여인과도 딸 하나를 두었다. 그는 아마도 '경건하지 못했을' 것이다. 그러나 로메로는 아버지가 세상을 떠난 뒤에도 아버지에 대한 사랑을 간직하고 있었다. 산토스는 침실 마룻바닥을 서성이며 로메로를 가르쳤고, 자녀들에게 가톨릭의 주요 기도문과 십계명을 외우게 했을 것이다.[23]

산토스는 마을의 우체국장 겸 전신 기사로 일하며 집 밖에서 사무실을 운영했다. 로메로는 어려서 전보를 보내고 받는 방법을 배웠는데, 전기도 들어오지 않는 가난한 농촌 마을에서 사는 그에게 그 일은 삶의 굴곡을 일깨워 주었을 것이다. 산토스는 자신의 일 외에도 아내가 상속받은 산자락에 있는 땅 약 8만 2천 제곱미터를 경작했는데, 마을의 다른 농부들처럼 그 땅에서 카카오와 커피를 재배했다.[24] 자녀들은 암소의 젖 짜는 법을 배웠다. 그들은 아버지의 심부름으로 마을 사람들에게 전보를 배달하기도 했다. 형제자매들은 함께 집안의 허드렛일을 하고, 침대와 마룻바닥에서 생활했다. 살림살이는 소박했지만, 그러면서도 그 가정은 작은 기쁨을 누릴 수 있는 여유를 즐겼다. 로메로는 소년 시절, 시우다드 바리오스에서 열리는 서커스를 한 번도 놓치지 않고 보았다.

로메로의 형제자매들은 로메로가 기도를 열심히 하고 너무 진지해서 조금은 슬퍼 보였던 '내향적'인 아이라고 기억한다.

"제 형은 생각을 너무 많이 했어요."

로메로의 한 동생은 이렇게 회상했다. 로메로는 온 마음을 다해 사제가 되기를 바랐다. 그는 다른 아이들이 장난을 치며 뛰어다닐 때에 자신이 사제가 된 것처럼 연극 놀이를 했다. 어머니의 앞치마를 머리에 두르고, 이웃 아이들을 불러낸 로메로는 집 주변의 길에서 행렬을 인도하면서 놀았다.[25] 그의 형제 티베리오는 이렇게 기억했다.

"그는 사제 역할을 하며 놀았습니다. 커피를 가는 데 쓰는 절구 위에 올라가, 손에 페인트 붓을 든 로메로는 물이 든 통에 붓을 담갔다가, 다른 어린이들에게 물을 뿌리며, 축복의 말을 해 주었습니다."[26]

산토스는 둘째 아들인 로메로가 열세 살 때 학교에서 쌓을 수 있는 모든 지식을 다 배웠다고 판단했다. 그는 아들이 좋은 직업을 갖도록 로메로를 그 마을에서 가장 뛰어난 목수에게 도제로 보냈다. 그렇지만 로메로는 자신의 장래에 대해 처음부터 분명히 다른 생각을 가지고 있었다. 그의 형제자매들은 날마다 목공소에서 일을 마친 로메로가 곧바로 성당에 기도하러 갔다고 기억했다. 로메로는 장성한 뒤 그 마을의 시장을 찾아가 자신의 성소, 곧 배움과 사제직에 대한 자신의 생각을 이야기했다. 그리고 나서 현실적인 생각만 하는 아버지를 만나 설득해 달라고 부탁했다.[27] 산토스는 결국 자신의 진지하고 경건한 아들이 말을 타고 일곱 시간을 가야 하는 산미겔의 소신학교에 가도록 허락했다.

어렸을 때도 공부를 열심히 하고 진지했던 로메로는 나이가 들어가면서 엘살바도르의 가난한 농민들이 겪는 곤경을 가까이에서 고통스럽게 지켜보며 이해했을 것이다. 농민들은 농사를 지을 만한 좋은 땅이 없었다. 그리고 몇 말 되지 않는 커피나 카카오를 시장에 내다 팔아도 대량 재배자들과 경쟁이 되지 않았다. 결국 그들은 수확기에 대농장에 가서 뼈 빠지게 일하고 야박한 품삯을 받아 살아가야 했다.

그러한 어린 시절을 지낸 로메로는 분명히 엘살바도르 내전의 기폭제가 된 1970년대 토지 개혁 운동이 무엇을 의미하는지를 본능적으로 이해할 수 있었다. 개혁가들은 국가의 중요한 자원인 토지를 더욱더 공정하게 분배해야 한다고 주장하면서 밧줄에 매달려 파종과 수확을 해야 하는 원주민이나 메스티소(라틴 아메리카 인구의 70퍼센트에 해당하는 에스파냐인과 인디오의 혼혈을 가리키는 말 - 편집자 주)의 처지를 설명했다. 가난한 사람들에게는 스스로 먹고살 곡식을 심을 수 있는 경작지가 산비탈밖에 없었다. 그 경사가 너무 가팔라 그들은 몸에 밧줄을 묶고 일을 할 수밖에 없었다. 엘살바도르 농지의 60퍼센트는 인구의 2퍼센트도 안 되는 사람들이 소유하고 있었다. 중앙아메리카에서 인구가 가장 많은 이 나라의 대다수 민중은 토지와 일자리가 없어 끊이지 않는 빈곤에 시달렸다. 대대로 이어지는 빈곤의 악순환에, 그들은 어쩔 수 없이 이 나라의 극소수 지주 계층에게 노동력을 값싸게 제공할 수밖에 없었다. 엘살바도르 빈민들의 참상은 전혀 과장된 것이 아니다. 가난한 사람들은 자신들이 먹고살 곡식을 심을 땅이 전혀 없었고, 하루 벌이 품삯이라도 받을 수 있는 일자리도 없었다.

  19세기 엘살바도르에서 커피 산업이 군림하자 이탈리아와 영국에서 유럽 이민자들이 몰려들었고, 그 이후 20세기까지 다른 지역의 이주민들도 몰려왔다. 그리고 이주민들은 식민지의 소수 지배자들과 통혼通婚하며 동화된 뒤 자신들만의 가문을 만들어 경제적 왕국으로 키워 냈다. 그들은 커피 재배에 가장 좋은 땅을 독차지했으며, 커피를 많은 가치를 지닌 국제 상품으로 만들어 냈다. 그러자 이미 주변으로 밀려난 '라디노들Ladinos'(외부인이 원주민과 에스파냐인의 혼혈을 가리킬 때 쓰는 말)과 엘살바도르의 토착 농민들은 거의 불모지에 가까운 땅으로 쫓겨났다. 에스파냐의 식민지가 되어 여러 세기 동안 억압을 당한 뒤에 그들에게 남겨진 땅이라고는 산비탈밖에 없었다. 엘살바도르 왕족들은 기존의 에스파냐 식민 기지를 확장해 엘살바도르에 새로 이주해 온 부유층이나 권력자의 후손들을 받아들였다. 그들은 착취와 통제라는 식민지 질서를 간단하게 장악하고, 이를 신흥 커피 산업의 요구에 맞게 바꾸어 나갔다. 그들은 재산을 쌓으면서 빠르게 정치권력을 흡수했다. 정치권력을 손에 쥔 그들은 농촌 노동력을 통제해 해마다 커피를 성공적으로 수확하고 이윤을 많이 남겼다.

1898년부터 1931년까지 엘살바도르의 대통령 자리는 커피 재배자들 가운데서 선출됐다. 수십 년이 지난 뒤에 특권층이 된 커피 재배사들은 엘살바도르 문제에 대한 직접적인 통제권을 군부 독재자들에게 넘겼다. 그리고 그들은 커피 재배와 가공을 넘어 금융·제조·관광 산업으로 지배력을 확장해 나갔다. 내전 무렵에 이르기까지 특권층은 커피 산업만이 아니라 엘살바도르 경제 전 분야를 지배했던 것이다.[28]

이러한 사회 구조로 인해 극소수 특권층만 물질적으로 풍요로웠으며, 대다수 엘살바도르인은 극도로 궁핍한 삶을 살았다. 모든 사회적·경제적 권력은 '14대 가문Catorce'의 손아귀에 집중됐다. 이 가문들은 식민지 지배자들과 커피 왕조의 구성원으로, 그들의 신분을 대대로 물려받았다. 엘살바도르의 특권층은 실제로 열 개 남짓한 '가문'으로 이루어져 있었는데, 그들은 혈연만이 아니라 농업이나 상업과 같은 경제적·정치적 이득으로 확고하게 연결되어 있었다. 이 가문들은 엘살바도르 모든 사회·경제 영역을 지배하면서 군부나 정치 계층까지 연계했고, 자신들의 이익이 위협을 받을 때에 이를 잘 활용했다.

이러한 사회적 상황은 중년이 된 로메로가 교회의 교계 제도 안에서 중요한 영향력을 지닌 자리에 앉게 될 때까지 변함없이 계속됐다. 로메로는 엘살바도르의 사회적·정치적 행태를 바꾸어야 할 교회 지도자로서 자신이 작은 일이라도 해야겠다는 확신이 있었기 때문에 그 자리를 받아들였다.

엘살바도르의 농민들은 커피 특권층의 지배에 도전할 힘이나 용기가 없었다. 특권층에 도전했던 극소수의 농민들이 무자비한 보복을 당했기 때문이다. 1932년 1월 22일부터 몇몇 사건들이 일어난 뒤에 그 보복이 얼마나 무자비한 것인지 분명하게 드러났다. 그날 파라분도 마르티와 엘살바도르 공산당이 전국적인 봉기를 촉구하자 이에 호응하여 일단의 농민들과 농장 노동자들이 엘살바도르 서부 지역에서 봉기했다. 그러나 농민 봉기는 아무런 결과도 얻지 못하고 신속하게 진압됐다. 사흘 동안 일어난 봉기에 무자비한 징벌 작전이 뒤따랐다. 엘살바도르 국가 경비대가 완전한 면책 특권을 가지고 농촌에 배치되어 한 달 동안 원주민과 라디노 마을에서 살육 작전을 자행했다. 이 사건은 '대학살Matanza'로 알려졌다.

이 대학살 사건의 실상과 그 영향을 이해하는 것이 중요하다. 자세히 보지 않고서는 도무지 이해할 수 없지만, 어떻게 그러한 잔혹성에 이르게 됐는지를 이해하는 데는 도움이 될 것이다. 로메로 암살을 포함하여 그 뒤 12년 동안 일어난 엘살바도르 내전에서 자행된 이루 형언할 수 없는 온갖 폭력을 설명해 주기 때문이다. 원주민들과 농장 노동자들이 큰 칼과 농기구로 무장하고 봉기를 시작하면서 많은 엘살바도르 농장주의 사유지가 공격을 받았다. 엘살바도르의 원주민들과 메스티소 마을 사람들의 오랜 고통이 극도에 이르자, 엘살바도르를 지배하는 가문 사람들은 어둠의 공포를 느꼈다. 이 농민 봉기는 그들에게 그 공포가 현실이 된 것이다. 봉기가 자신들의 권력에 큰 영향을 미치지 않는다 하더라도 말이다.

겁에 질린 지주들과 그 대리인들은 국가 경비대와 결탁해 광범위한 유혈 사태를 자행했다. 이 보복 테러를 상상할 수 없을 정도로 가장 끔찍하게 보이도록 하는 것이 그들의 목적인 것처럼 보였다. '인디오'처럼 보이는 사람이나 농민들은 누구나 봉기 가담자로 간주되어 살해됐다. 공동묘지뿐만 아니라 배수로에도 시체들이 즐비하여 개돼지나 독수리들이 시체들을 뜯어 먹었다. 그 학살의 규모는 알 수 없지만, 그 뒤 수십 년 동안 내전을 겪으며 시체들이 쓰레기장에 쌓여 갔고, 형언할 수 없이 지독한 고문을 당한 희생자들이 속출했다. '대학살'의 아수라장에서 들려오는 음산한 메아리처럼 그 뒤에 벌어진 내전에는 온갖 살인이 벌어지고 유혈이 낭자했다. 1월에 일어난 봉기 때 처음 사흘 동안에만 20명에서 30명이 살해되었다고 한다. 그리고 대학살의 달이 끝날 무렵에는, 2만 5천 명에서 3만 명에 이르는 농민들과 그 가족들이 살해됐다. 이는 1932년 당시 엘살바도르 인구의 2퍼센트에 이르는 숫자다. 대학살 사건으로 이렇게 많은 사람이 학살됐던 것이다.[29]

   대학살 사건은 국민들의 마음을 초토화했다. 로메로 암살 당시에 권력을 장악하고 있던 특권층은 대학살 사건을 원초적 분노와 폭력의 소용돌이에 대항했던 이성과 진보 세력의 투쟁이라는 신화로 미화했다. 그들은 대학살의 희생자들이 농민들이나 원주민들 가운데서만 나온 것이 아니라 영웅적인 국가 경비대에 가담했던 중산층이나 지주 계층에서도 나왔다고 했다. 그리고 이러한 폭력은 문명에 대한 야만적인 공격이라고 했다. 그들의 주장은 대학살의 실상을 거짓으로 뒤엎어 버렸지만, 그 허상은 매우 강력했다.

대학살에 대한 이러한 허황한 기억은 사회적 긴장이 다시 폭발 지경에 이를 때까지, 곧 로메로가 대주교가 됐을 때까지 여전히 특권층의 생각이나 이데올로기에 영향을 미치고 있었다. 또한 이것은 교회의 영향을 받은 사회 개혁 요구를 자신들에 대한 위협으로 과대평가하여, 특권층이 봉기를 진압하기 위해 살해와 탄압이라는 잔혹한 전략을 선택하는 데 직접적인 영향을 미쳤다. 특권층은 농촌의 농민들이나 도시에서 쫓겨난 강제 이주민들 가운데 해방을 전파하는 교리 교사들과 사회 정의와 토지 개혁을 요구하는 사회 개혁가들을 다시 봉기를 일으키려는 사악하고 어리석은 무리들로 여기고 대응했다.

한 사람이 어떻게 자신의 민족을 죽이는 살인자가 되는가?

한 나라의 군대가 어떻게 그들이 지키고 보호하겠다고 선서했던 수많은 사람과 어린이를 피 흘리게 하는가? 엘살바도르 군대에 복무하는 수많은 젊은이는 그들이 죽이라는 명령을 받은 농민들이나 도시 노동자들과 같은 출신 배경과 생활 경험을 가지고 있었다. 많은 군인은 국가의 지령을 받아 마지못해 폭력에 가담했을 것이다.

로메로 암살 작전에 가담했던 (그 음모자들에게 코카인을 사러 갔다가 자동차를 운전하게 되었던) 가라이도 그들이 대주교 암살 음모를 꾸미고 있다는 것을 알았다면, 그 암살 지휘자들을 자신의 손으로 죽였을 것이라고 말했다.

부유층 또는 여론을 왜곡하는 자들, 우익 미디어 기업의 소유주들 가운데 대주교를 암살하기 위해 음모를 꾸몄던 자들은 로메로가 암살되기 전부터 가톨릭 성직자 전체, 특별히 대주교에 대한 분노와 증오를 불러일으키는 씨앗을 뿌렸다. 여러 해 동안 급속히 커진 커피 시장이 커피 관련 신기술과 다른 농산물의 수출로 수출 호황을 불러일으키면서 노동력 수요가 줄었다. 농촌의 최하층 소작농들이 소유한 '비생산적인' 땅까지 차지하려는 탐욕이 커져 가는 가운데, 엘살바도르에는 긴장의 먹구름이 짙어지고 있었다. 노동력 수요가 줄고, 농지를 상실하면서 농촌에서는 대대적인 이농離農이 이루어져, 많은 농민이 전국의 여러 도시로 나가 음식과 쉼터와 일자리를 찾았다.

이들은 무산 노동자 계급Proletariado이 아니라 끊임없이 움직이는 '빈곤 계층Pobretariado'이 되었다. 글자 그대로 '가난한 계층Poorletariat'은 결국 엘살바도르의 군부나 경제적 특권층에게 불안을 야기했다.[30] 그 당시 특권층이 이 경제적·사회적 위기에 대응할 때 농민들을 억압하여 그들이 도시로 이전하지 않도록 했더라면, 주택과 더 나은 교육, 훈련 기회를 제공했더라면 1980년대의 엘살바도르의 이야기는 분명히 그토록 비참해지지는 않았을 것이다.

이 어려운 시기에 '빈곤 계층'은 육체적·정신적 도움을 받기 위해 교회로 몰려들었다. 그들은 교리 교사들과 성직자들, 가끔은 주교들에게서 그들을 물질적 고통에서 벗어나게 해주는 해방을 기반으로 하는 정신적 해방에 관한 메시지를 들었다. 사회학자 제프리 페이지Jeffrey Paige가 말하는 대로, 요지부동의 현실 속에서 자신들이 할 수 있는 것이라고는 견디는 것밖에 없었던 사람들 가운데 일부는 그 해방의 메시지를 듣고 '예수 그리스도를 통하여 마르크스에게' 가는 길을 모색했다.[31] 다른 사람들은 교회와 함께 사회 정의를 추구하는 평화로운 과정에 동참했다.

엘살바도르의 소수 지배자들에게는 그 어느 길이든 자신들에게 사형 선고를 의미하는 것이었으므로, 점차 교회 자체를 국가와 사회 질서를 위협하는 적으로 간주했다. 교회가 선포하는 해방이 공동체와 상호 희생을 통한 구원의 메시지가 아니라 정치적 혁명을 촉구하는 것으로 해석되기 시작할 무렵인 1977년과 1978년에, 사제와 평신도 지도자 15명이 살해됐다. 1932년에 일어난 대학살이라는 무서운 사건을 좀처럼 잊을 수 없는 집단 기억으로 지니고 있는 엘살바도르의 과두 통치자들에게는, 마르크스주의와 혁명만큼이나 그리스도교와 성찬례가 무자비하게 진압해야 할 실존적인 위협이 되었다. 로메로 암살은 그들이 자신들의 신분과 특권을 보호하기 위해서는 어떠한 짓이라도 하겠다는 의지를 단순하게 보여 준 것이었다.

제3장

지칠 줄 모르는 젊은 사제

1932년 대학살 사건이 절정에 이르렀다. 로메로는 글라렛 선교 수도회가 운영하는 산미겔 소신학교를 열세 살에 입학해 공부하고 있었다. 전기 작가 헤수스 델가도Jesus Delgado는 그 시기에 로메로가 썼던 시를 찾아냈다. 이 시에는 사제가 된다는 것이 무엇을 의미하는지에 관한 10대 소년인 로메로의 생각이 담겨 있다.

주님의 말씀은 뉘우치는 자들에게 온유한 용서입니다.
주님의 말씀은 거룩한 지시이고 영원한 가르침입니다.
그 말씀은 밝게 비추는 빛, 희망을 주는 조언입니다.

희망의 목소리, 타오르는 불,

길, 진리, 드높은 광채,

생명…… 영원……

그러나 성전만이 주님의 싸움터는 아닙니다.

구원의 십자가,

주님은 칼을 높이 들고 세상을 순찰하십니다.

잔인한 사람들이 잔인한 칼로

교회를 죽도록 내려치자

간절히 주님을 부르는 구슬픈 목소리

교회의 목소리를 들으실 때

주님은 대포 소리에도 놀라지 않으시고

무력 충돌에도 아랑곳하지 않으십니다.[32]

  또 다른 전기 작가 제임스 브로크먼James Brockman은 이 시를 비평하며, 로메로가 '이상적이고 다소 감상적인 사제직을 기대'했다고 묘사했다.[33] 이는 분명한 사실이다. 그러나 앞으로 무슨 일이 일어날지 떠올려 본다면, 10대 소년이 쓴 이 시구의 비극적인 전조에 주목하게 된다. 만약 진정으로 그가 사제직에 대한 감상적인 생각을 갖고 있었다면, 그는 끝까지 그 생각을 지키고자 했을 것이고, 분명히 그 안에서 많은 힘과 위안을 받았을 것이다.

그는 소신학교를 마치고 예수회에서 운영하는 전국 신학교에서 공부를 계속했다. 그리고 로마의 그레고리오 대학교에서 학업을 마쳤다. 엘살바도르와 멀리 떨어진 이탈리아에서 그는 춥고 배고프고 가난한 신학생으로서 궁핍한 생활을 견디며, 전쟁 시기(1939~1943년)를 보냈다. 그는 나치즘과 파시즘에 대하여 원칙을 고수하는 비오 12세 교황을 존경했다.[34] 로메루는 1942년 로마에서 사제품을 받았다. 그의 가족들은 전쟁 시기에 여행이 규제되어 서품식에 참석할 수 없었다.

브로크먼에 따르면, 로마 유학 중이던 스물두 살 청년 로메로가 1940년 3월 라틴 아메리카 신학원의 학생 잡지에 발표한 이 글에서 사제직에 대해 좀 더 성숙해진 그의 생각을 발견할 수 있다.

"사제여! 십자가가 그대의 유산입니다. 십자가를 나누어 주는 일이 그대의 사명입니다. 용서와 평화의 전달자인 사제는 죽어 가는 사람에게 달려갑니다. 사제가 손에 쥔 십자가는 천국 문을 열고 지옥문을 닫는 열쇠입니다."[35]

1943년 로메로는 엘살바도르에 사제가 절실히 필요하다는 부름을 받고 박사 과정을 마치지 못한 채 일찍 고국으로 돌아왔다. 진지하고 경건한 소년은 진지하고 경건한 사제로 성장했다. 고향인 시우다드 바리오스처럼 엘살바도르 산악 지방인 아나모로스에서 짧은 기간 사목 활동을 한 뒤 로메로는 교구 비서로 임명되어 그 지방의 중심지인 산미겔로 갔다. 그는 그곳에서 23년 동안 일했다. 로메로는 산미겔에서 교구 비서만 맡은 것이 아니었다. 주교좌성당의 본당 사목구와 다른 곳에 있는 경당의 주임 사제로 일하며, 교구 신문의 부편집장과 편집장을 차례로 맡았다. 로메로는 산미겔에서 힘이 넘치는 '행동가'로, 대성당의 공사 감독에서부터 잡다한 사목 일까지 맡아서 했다. 그는 설교가로서도 명성이 높아졌고, 얼마 지나지 않아 그의 설교는 작은 도시의 라디오 방송국 다섯 곳을 통해 생중계됐다.[36]

산미겔에서 로메로는 지칠 줄 모르고 농촌과 교도소를 방문했고, 레지오 마리애, 단주 모임, 가톨릭 액션, 꾸르실료와 같은 교구 내 신심 단체와 자조 모임의 활동을 장려했다. 또한 그는 지역 카리타스가 가난한 사람들에게 식량을 나누어 주는 것뿐만 아니라, 사람들에게 영양 문제를 가르쳐야 한다고 보았다.

"그는 언제나 모든 사람의 복지에 관심을 기울였어요."

그 당시 그의 친한 친구이자 그와 함께 일했던 살바도르 바라사는 로메로의 설교를 기억하고 있었다. 로메로는 단순히 신심만이 아니라 일상생활에서 신앙을 드러내야 한다고 강조했다.[37]

로메로는 자유분방한 행동을 하는 사제들을 몹시 불편해했다. 젊은 사제들이 수단을 입지 않고 대중 앞에 나서기 시작하자, 그는 이처럼 작은 일부터 충실하지 않은 성직자들의 모습에 늘 화를 내며 못마땅하게 여겼다.[38]

그는 세심증으로 잔소리가 심했다. 이러한 면은 그의 삶에 두고두고 문제가 된다. 보좌 주교가 되고 나서, 그는 교리에 대한 사제들의 충실성을 감시하는 한편 매일 사제들의 복장까지도 열정적으로 검사해 모든 사제의 반감을 사게 됐다.

그러나 그의 꼼꼼한 성격은 목자의 임무에서 두드러졌다. 로메로는 완전히 탈진할 때까지도, 자신을 찾아오는 사람을 거절하지 않았다. 화산암으로 뒤덮인 불모지인 '라쿠룬차La Curruncha'에서는 자신의 땅이 전혀 없는 가난한 사람들이 다닥다닥 붙은 판잣집에 모여 살았다. 그 마을은 도둑놈 소굴이라고 불릴 정도로 악명이 높았다. 마을의 상황은 매우 비참했다. 밤에는 몹시 춥고, 한낮에는 태양이 뜨겁게 내리쬐었다. 산미겔에서 가장 황량한 그곳에 사는 사람들이 로메로에게 축복식이나 병자성사를 청하면 로메로는 밤낮을 가리지 않고 기꺼이 그들을 찾아갔다.

"언제나 똑같았어요."

라쿠룬차에서 가난한 사람들과 함께 살았던 한 수녀는 이렇게 회상했다. 죽음이 임박한 사람에게 "약을 드릴까요?" 하고 물으면 언제나 대답은 같았다. "로메로 신부님과 이야기하고 싶어요."

"그는 결코 거절하지 않았어요."[39]

산미겔에서 로메로는 또 다른 생활 방식을 보이기 시작했다. 바로 마을의 부유한 사람들이나 권력자들과 친분 관계를 유지하는 것이었다. 그를 비판하는 사람들에게는 로메로가 허영심이 있고 고지식해서 그들과 우정을 나누고 교류하는 모습으로 비쳤을 것이다. 나중에 그가 엘살바도르 특권층과 교류하는 모습은 농민들의 억압에 가담하는 것처럼 보이기도 했다. 로메로와 권력자들의 관계는 매우 불길한 조짐으로 보였다. 교회와 엘살바도르 사회에서 많은 사람이 로메로를 진보와 정의의 적으로 보았다.

그러나 부자들과 친분을 쌓고 좋은 관계를 유지하면서도, 로메로는 노동자들과 억압받는 사람들과도 관계를 유지했다. 평생 그의 가장 가까운 친구였던 살바도르 바라사는 신발 상인으로, 엄밀히 말해 가난한 사람은 아니었지만 엘살바도르 특권층에 속한 사람도 아니었다.

산미겔의 알코올 중독자들은 유독 로메로를 편하게 여겼다. 아마도 알코올 중독과 싸웠던 그의 형 구스타보 때문일 것이다. 로메로는 아마도 구걸하는 알코올 중독자들에게서 구스타보의 얼굴을 보았을 것이다. 마을의 알코올 중독자들과 걸인들, 심지어 매춘부들까지 로메로에게 동전을 받으려고 매일 아침 성당 담벼락을 따라 줄을 섰다. 로메로는 거절하는 법이 없었다. 그는 언제나 주머니에 동전을 가지고 다녔다. 또한 알코올 중독자들과 노숙하는 노인들을 성당 수녀원에서 지내게 해 주고, 농촌으로 돌아가는 농민들을 위해 버스비를 대신 내줬다. 마을의 구두닦이 아이들을 보호하고 그들이 자립할 수 있도록 모임을 만들어 주었다. 산미겔의 한 주민은 "빈첸시오 드 폴 성인처럼, 언제나 가난한 사람들이 로메로 신부님을 많이 따라다녔다."라고 그를 기억했다.[40]

로메로에게는 이러한 유대 관계가 아주 자연스러운 것이었다. 생애 거의 마지막까지 그의 개인적인 영성과 신학은 구식이었다. 그는 산미겔의 빈곤한 사람들을 물질적으로 도울 의무가 있었고, 그 의무를 수행했다. 그러나 그는 산미겔의 부유한 사람들의 영혼을 구원하는 더 어려운 일까지 해야 하는 책임감도 있었다. 부자들이 많지는 않았지만, 로메로는 그들 대부분과 큰 어려움 없이 개인적인 친분을 쌓았다.

로메로는 이러한 관계들을 통합하며 가난한 사람들을 섬기고 부유한 사람들을 구원하는 사목자의 이중 임무를 수행했다. 그는 부유한 사람들을 설득해서 산미겔의 가난한 사람들을 섬기는 자신을 돕도록 하고, 그러한 방식으로 부자들이 구원을 향해 나아가도록 촉구하지 않았을까? 이러한 그리스도교 공동체관은 경제적 억압 체제에 대한 마르크스주의적 비판에 여지를 남겨 두었다. 그것은 영적 세계가 작동하는 방식, 곧 궁극적인 구원에만 관심을 기울이는 낡은 자부심이었다. 가난한 사람들은 고통을 받고 있지만, 보상을 받을 수 있기 때문에, 조금이라도 불평이나 투쟁을 해서는 안 된다. 현세에서 꿋꿋하게 살아간 가난한 사람들은 나중에 커다란 보상을 받을 것이다. 그리고 로메로가 만나는 부유한 사람들은 가난한 사람들을 돕기 위해 시의적절하게 기꺼이 헌금을 했다. 분명히 현세에서 그들이 하는 이 봉헌은 때가 되어 그들이 바늘귀를 빠져나가도록 도와줄 것이다.

로메로는 산미겔의 커피 농장주들과도 가깝게 지냈다. 농장에서 그들과 함께 식사를 하고, 가난한 사람들을 위해 그들에게서 기부금을 모으기도 했다. 농장주의 집에서 그들을 위해 특별 미사를 드리기도 했다. 주님 성탄 대축일에는 농장에서 고된 노동을 하는 가난한 사람들에게 농장주들과 함께 선물을 나눠 주기도 했다.

여러 해가 지난 뒤 급진적인 사제들이 로메로의 대주교 착좌식을 경멸과 절망으로 지켜보면서 그를 그저 부자들의 꼭두각시로 미루어 짐작했지만, 로메로는 결코 그렇지 않았다.

산미겔의 부유한 여인 몇 명이 로메로의 검소하고 허름한 사제관의 방을 보고 안타까워하며, 그가 방을 비운 사이에 좋은 침대와 침구, 우아한 커튼으로 방을 꾸몄다. 그러나 로메로는 돌아와서 방이 바뀐 모습을 보고 몹시 화를 내며, 방 안에 있던 모든 물건을 거리의 사람들에게 나눠 주었다. 그리고 그가 사용했던 간이침대와 낡은 의자를 다시 가져다 놓았다. 그는 부자들이 자신을 조종하려는 태도에 몹시 화를 냈다.[41] 로메로는 가난한 사람들을 위해 부자들에게 모금을 했지만, 개인적으로는 값싼 것 하나 거저 받지 않았다.

산미겔에서 로메로는 의사소통자로서 경력을 쌓기 시작했다. 젊은 사제인 그는 그 시기 가장 현대적인 매체인 라디오를 사목 활동에 효과적으로 활용했다. (에스파냐 수도회인 글라렛 선교 수도회는 복음화 활동을 위해 그 시대의 기술과 통신 수단에 큰 관심을 보이며 활용한 것으로 잘 알려졌다. 로메로는 글라렛 선교 수도회가 운영하는 소신학교를 다니면서 후에 의사소통자로서 성공하는 데 큰 영향을 받았다.) 로메로는 자신의 양 떼에 다가가기 위해 대중 매체에 깊은 관심을 보이며 신문과 라디오 방송을 잘 활용했다. 의사소통에 열정을 지닌 그는 주로 라디오를 통하여 농민들을 지원하고 대주교로서 곤경에 처한 그들에게 관심을 기울였다. 엘살바도르의 정규 미디어들은 대부분 특권층이 소유하고 있었기 때문에 라디오로 생중계되는 로메로의 주일 강론은 많은 사람이 들을 수 있는 진짜 뉴스였다.

그 지역 활화산 이름을 딴 차파라스티케 라디오의 아침저녁 기도 프로그램을 통해 로메로는 유명 인사가 되었다. 몇 년 뒤 국영 언론이 끔찍한 소식을 제대로 전하지 않자, 로메로는 엘살바도르 사람들에게 그 소식을 전하는 역할을 하게 되었다. 차파라스티케 라디오 방송에서 로메로는 일상생활의 이야기와 편지를 들려주면서 청취자의 마음을 사로잡았다. 사람들은 교리에 관한 질문을 하기도 하고 도움이나 상담을 요청하는 편지를 보내기도 했다.

1965년 산미겔에 새 주교가 임명됐다. 미국 프란치스코회 소속인 로렌스 그라시아노가 부교구장 주교로 임명되어 로메로의 윗사람으로 왔다. 미국인 선교사인 그라시아노 주교는 로메로가 교구 일을 독점하여 많은 책임을 지는 것을 원치 않앗다. 그라시아노는 사실상 교구의 규율 감독이며 예비 잡역부인 로메로와 그의 온갖 잔소리를 견뎌야 했던 많은 사제 사이의 긴장 관계를 잘 알고 있었다.[42] 그는 1968년에 산미겔 주교좌를 계승했다. 물러나는 미겔 마차도 주교는 사목자들을 위한 건전한 지도나 지원보다는 고리대금을 한 것으로 알려졌는데, 로메로는 그의 빈자리를 채우기 위해 들어갔던 것이다.[43] 사람들은 로메로가 산미겔의 차기 주교가 될 것이라고 믿었다. 그러나 그는 엘살바도르 주교회의 사무총장으로 임명되어, 1967년 9월 산살바도르로 떠나게 된다. 오스카 로메로 몬시뇰의 시대가 시작된 것이다.

교구의 어떤 사람들은 로메로가 주교가 되지 못해 몹시 씁쓸해할 것이라고 생각했다. 하지만 로메로가 산미겔을 떠날 때 그의 육체와 정신은 황폐해진 상태였다. 1966년에 로메로는 심리학적으로 강박성 성격 장애라는 진단을 받았고, 영성적으로는 '세심증 Scrupulosity' 진단을 받았다. 산미겔에서 임기를 마칠 때까지 그는 이 두 가지 문제 때문에 육체적·정신적으로 무너지고 있었다. 그는 산미겔에서 광범위한 정신적·실무적 책임을 맡았고, 교구 어디에서나 성과를 이뤘다. 또한 그의 강론이 유명해지면서 명성을 얻었기 때문에 사람들은 그가 만능 성직자라는 인상을 받았다. 그러나 그는 중년이 되면서 개인적으로 자신감이 없어지고 낭패감을 느꼈으며, 깊은 외로움과 싸워야만 했다. 그가 교구에서 쓴소리만 하면서 지냈기 때문에 더욱 고독했던 것으로 보인다. 그에게는 동료 사제들의 우정과 지지가 절실히 필요했고, 자신이 몰아붙였던 사람들과 좋은 인간관계를 맺고자 했다. 하지만 자신의 지위에서 오는 조심성 때문에 세심증이 더욱 심해졌을 뿐이다.

산미겔에서 고된 직무를 마친 로메로는 주교회의 사무총장이라는 조용한 임무를 맡게 되어 다행스러웠을지도 모른다. 그러나 불행하게도 그 시기가 참으로 좋지 못했다. 1962년부터 1965년까지 열린 제2차 바티칸 공의회는 세계 교회의 모든 문과 창문을 활짝 열어젖혔다. 교회가 변화의 강풍 앞에서 휘청거리는 것처럼 보이던 시기였다. 로메로는 제2차 바티칸 공의회 문헌들과 곧이어 1968년에 나온 메데인 문헌의 놀라운 표현들을 이해하고, 엘살바도르 주교들의 대응책을 모색하는 일을 맡았다. 그의 꼼꼼한 성격이 이 일에서 큰 몫을 했다. 로메로는 자신이 읽고 있는 내용이 걱정스러웠지만, 그 문헌들을 주의 깊게 연구했다. 그러고 나서 주교들의 메시지에 담을 주요 주제의 토대를 꼼꼼하게 세우고, 교회가 나아가야 할 방향에 대한 생각을 정리했다.

로메로는 몇몇 혁신적인 교회 문헌들에 끌리기도 하고, 괴로움을 느끼기도 했다. 그는 자신과 엘살바도르의 교회가 갈 수밖에 없는 모험의 길을 설명하려고 노력하면서 여러 사목 문서들을 작성했다.

순종적이고 성실한 고위 성직자로서, 그는 제2차 바티칸 공의회가 자신과 자신이 사랑하는 교회에 어떤 의미가 있는지 이해하기 위해 주의 깊게 공의회 문헌을 연구했다. 여러 해 동안 그는 공의회의 영향을 깊이 걱정했다. 그러나 그의 동료 주교들이 마련한 메데인 문헌은 그에게 공의회 문헌보다 더욱더 큰 불안과 두려움을 불러일으켰다.

1968년 라틴 아메리카 주교들은 공의회 정신에 고취되어 콜롬비아의 보고타와 메데인에 모였다. 주교들은 총회를 마치면서 라틴 아메리카 교회뿐만 아니라 전 세계 교회에서 볼 수 없었던 '메데인 문헌'을 발표했다. 전통을 깨는 다른 토론 가운데서도 메데인 문헌은 사회 교리의 윤리를 '가난한 사람들을 위한 최우선의 선택'으로 정의해 공식적으로 천명한 최초의 교회 문헌이었다. 이 개념은 라틴 아메리카에 만연한 삶의 불평등과 이를 유지해 온 교회의 피동적 또는 직접적 역할에 대한 광범위한 고발의 일부였다.

로메로는 메데인 문헌에 '완전한 두려움'을 느꼈다. 신학교 교수인 한 예수회원은 말문이 막힌 로메로의 모습을 이렇게 묘사했다.

"마치 바람이 그를 휩쓸고 간 듯했습니다."

로메로는 메데인 문헌에서 드러나는 '새로움'을 두려워하고 있었다.

"몬시뇰님, 당신은 믿음이 부족합니다. 바로 그게 당신의 문제입니다."

예수회원은 그에게 말했다.[44]

'교회와 함께 생각하라Sentir con la Iglesia.'를 주교직의 좌우명으로 선택했던 로메로는 제2차 바티칸 공의회의 혁신적인 대변화와 그 여파로 이어진 메데인 문헌을 무시할 수 없었다. 새로운 사상이 그를 두렵게 할수록 그는 언제나 충실한 신학생처럼 공부했다. 한 사제는 로메로가 메데인이라는 말만 들어도 안면 경련을 일으키며 아랫입술이 씰룩거렸다고 회상했다. 일부 엘살바도르 동료 주교들이 그랬던 것처럼 그는 메데인 문헌을 비난하거나 무시하지는 않았다. 제2차 바티칸 공의회에서 나온 새로운 가르침과 메데인 문헌을 끊임없이 기도하며 읽었다. 그는 진심으로 교회와 함께 생각하기를 원했다. 그리고 자신의 마음과 의지를 가다듬고 교회와 엘살바도르의 현재 상황에서 그 가르침이 무엇을 의미하는지 이해하려고 애썼다.

메데인 문헌은 이렇게 선언했다.

"현세의 모든 권력에서 해방된 교회, 모든 인간의 전인적 자유에 담대하게 투신하는 교회, 진정으로 가난한 교회, 선교하는 교회, 파스카 교회의 더욱더 밝은 얼굴을 라틴 아메리카에서 봅시다."[45]

로메로는 메데인 문헌을 받아들이고 실천하는 방법을 찾으려고 분투했다. 그러나 루틸리오 그란데 신부가 살해되기 전까지, 메데인 문헌은 로메로의 삶 속에서 드러나지 못했다.

메데인 문헌은 그에게 고뇌의 근원이었지만, '파스카의 시간'을 거치면서 교회를 이끄는 청사진이 된다.

로메로는 마음의 쇄신이라는 제2차 바티칸 공의회의 가르침에 따라, 개인적인 성찰과 쇄신의 시기를 갖도록 이끄는 회복과 새 출발의 정신을 진심으로 따랐다. 그러나 성직자들의 금기 사항들이 완화되고, 정해져 있었던 믿음직한 역할과 의전에 변화가 생긴 것을 못마땅하게 여겼다. 그는 동료 사제들이 이러한 변화들을 받아들이고 새롭게 변화하는 모습을 보았다. 엘살바도르 주교회의 사무총장으로, 나중에는 보좌 주교로 지내는 동안 로메로는 보수의 분화를 시키는 진사 역할을 자처했다. 그리고 교구 신문인 〈오리엔타시온*Orientación*〉에 방어벽을 쳐 놓고, 젊은 사제들과 토론했다. 젊은 사제들은 성직자의 전통과 기대는 제쳐 두고, 교회가 엘살바도르의 현 상황과 맞서 싸우며 앞으로 나아가야 한다고 주장했다.[46]

1970년 6월, 산살바도르 보좌 주교로 임명된 로메로의 주교 서품식은 웅장했지만, 사소한 물의를 빚어냈다. 몇 년 전 메데인 문헌에서는 가난한 사람들을 위한 최우선의 선택과 성직자의 수덕을 교회가 나아가야 할 새로운 방향으로 제시했다. 그런데 로메로의 주교 서품식이 성대하게 거행되자, 과거를 극복하려고 하는 미래 지향적 사제들에게는 이 일이 달갑지 않은 과거로 되돌아가는 것처럼 보였던 것이다. 그 당시 교구 사제들은 가난한 민중을 위해 싸우다가 보안대의 협박과 탄압을 받고 있는 상황이었다. 로메로를 존경하는 사람들과 로메로의 친구들은 서품식에 참석하려고 산미겔에서 버스를 타고 산살바도르까지 몰려왔다. 또한 엘살바도르의 모든 주교와 교황 대사가 참석했는데, 그중에 과테말라의 마리오 카사리에고Mario Casariego 추기경이 참석한 모습은 가장 눈에 띄었다. 엘살바도르의 진보적인 사제들은 카사리에고 추기경을 시대에 역행하는 인물로 가장 혐오하고 있었다. 카사리에고 추기경은 과테말라의 진보적인 사제들을 반대하면서 과테말라에서 사제들이 사냥을 당하고 있는 현실을 부인했다. 그러나 그것은 엄연한 사실이었다. 그는 사제들에게 평생 잊지 못할 말을 남겼다.

"당신들이 정치에 관여하면, 당연히 그렇게 되는 것이죠."

엘살바도르의 피델 산체스 에르난데스 대통령도 많은 정치인, 기업인, 지주들과 함께 서품식에 참석했다. 서품식이 얼마나 화려했는지는 분명하지 않다. 산미겔에서 온 로메로의 친구들, 특히 살바도르 바라사는 서품식을 위해 많은 기여를 했고, 서품식 예절장이었던 루틸리오 그란데 신부는 몇 주 동안 전례 준비에 전념했다.

그란데 신부와 차베스 대주교가 뒤따르는 가운데 로메로 주교가 참석자들에게 강복하는 모습을 담은 유명한 사진이 있다. 그로부터 몇 년 뒤에 로메로는 루이스 차베스 이 곤살레스 대주교의 뒤를 이어 산살바도르 관구장 대주교 자리에 오르게 된다. (차베스 대주교는 자신의 '급진적'인 혁신을 경멸하는 형제 주교들이 낯설지 않았다.) 로메로의 서품식은 엘살바도르의 보수적인 주교들의 정점을 보여 주었는데, 그 모습을 담은 유명한 사진은 엘살바도르에 정치적 폭풍이 닥치고 로메로가 새로운 주교로 거듭나기 전, 과거 서품식의 한 장면을 잠깐 동안 떠올리게 한다. 성대한 서품식은 주교의 특권을 마지막으로 과시하는 것이었다. 로메로의 순교 이후 여러 해 동안 사람들은 제2차 바티칸 공의회와 메데인 총회, 그 이후 멕시코 푸에블라에서 열린 라틴 아메리카 주교회의 총회의 결과로 이러한 주교의 특권이 없어졌다고 믿었다.

젊은 무법자들에 맞서 교회를 보호하는 수호자로서, 로메로는 자신에게 잘 어울리는 일을 했다. 서품식 다음 날 엘살바도르에서 전국 사목 주간이 시작됐다. 제2차 바티칸 공의회의 바람이, 특히 메데인 총회의 바람이 수도의 모든 거리에 세차게 불기 시작했다. 산살바도르의 차베스 대주교와 보좌 주교인 아르투로 리베라 주교가 이 행사를 조직하고 주도적으로 이끌었다. 엘살바도르의 일부 지방 주교들은 이 행사를 무시하거나 거부했다. 대교구의 사제들과 적극적인 평신도들에게 전환점이 된 이 사목 주간에는 평신도들의 더 많은 참여라는 주제와 농촌에서 이미 부각되기 시작한 그리스도교 기초 공동체 설립에 관한 의제를 다루었다.

이 두 가지 의제는 수많은 사람을 열정과 희망으로 가득 차게 했지만, 곧 엘살바도르의 고뇌와 고통의 근원이 될 것이었다. 수많은 교리 교사가 공동체를 조직하고 지도자가 되었다. 그러자 엘살바도르의 특권층은 그들을 파괴 분자나 공산주의자로 인식하여 자신들의 대리인인 보안대에게 그들을 제거하도록 지시했다. 메데인 총회에서 선포된 중요하고 새로운 사상들과 하느님께서는 사회적 불의를 '바라지' 않으시고, 그리스도인들은 적극적으로 사회적 불평등과 차별에 맞서도록 부름받고 있다는 해방 신학과 결합될 새로운 생각들은, 엘살바도르 특권층에게는 수많은 물질적 안락과 사회적 특혜를 가져다준 기존 질서에 대한 실존적이고도 위협적인 도전으로 여겨졌다.

대학살 사건을 겪으면서 엘살바도르 지주들과 기업인들의 정신에는 양자택일과 흑백 논리가 새겨졌다. 무엇인가를 가진 사람들은 아무것도 못 가지게 되고, 아무것도 없는 사람보다 더 불행해질 것이라고 생각하게 된 것이다. 그들은 원주민들이 보복한다면 지주 계층은 피비린내 나는 몰살을 당할 것이라고 생각했다. 그 누구도 제3의 길이 가능하다는 것을 이해하지 못했다. 로메로도 마찬가지였다. 로메로는 언젠가 대안의 길인 정의와 사회적 화해에 이르는 비폭력의 길을 온몸으로 구현하게 될 것이었지만, 그 당시 로메로의 생각은 화합이었다. 그러한 생각은 과거에 그가 부자들과 가난한 사람들 사이의 중재자가 되었던 경험에 근거한 것이었다. 그는 가난한 사람들을 위하여 부자들에게 모금을 했고, 가난한 사람들에게는 위로자이자 친구가 되었다. 그러면서 그들과 함께 현세의 곤경을 받아들여 언제나 우리가 모두 고대하는 하느님의 보상과 정의를 바라보도록 지도했다.

로메로는 사목 주간의 결론을 검토하는 위원회에 참여하여 문서를 수정했다. 그는 매우 급진적으로 보이는 요소들을 엘살바도르의 보수적인 고위 성직자들이 받아들일 수 있을 정도로 수위를 조절했다. 보좌 주교로서 그가 할 수 있는 중재 역할이었다.

엘살바도르의 '급진적인' 성직자들을 비판하는 로메로의 보루는 〈오리엔타시온〉이었다. 이 교구 신문에 이미 정기적으로 기고해 왔던 로메로는 보좌 주교로서 이 신문의 편집인이 되었다. 이 신문에 그는 성직자복을 제대로 갖춰 입지 않는 사제들에 대해 불법 행위를 시작하는 것이라고 비난하는 글을 썼다. 또한 어떤 사제들은 평신도들과 특히 이성과 지나치게 친하게 지내고, 심지어는 일부 사목적 권위를 그들에게 맡기는 일이 목격됐으며, 가장 심각하게는 마르크스주의자로 추정되는 사람들과 가까이 지낸다고 비난했다. 이런 식으로 간단히 낙인을 찍어 버리기도 했다.

이런 일도 있었다. 예수회원 두 명이 차베스 대주교의 요청에 따라 산살바도르 성직자들의 영신 수련을 지도했다. 그러나 그 시대의 정치 환경에서 당시 사제들의 역할에 대한 토론은 금지되어 있었다. 로메로는 회의실 뒤쪽에서 그들이 나누는 어려운 대화에 한마디도 덧붙이지 않고 조용히 지켜보았다. 2주 뒤 그는 〈오리엔타시온〉에서 그 예수회원들의 실명을 거론하며 비난을 퍼부었다. 특히 그들의 영신 수련 방식에는 영성적인 내용이 전혀 없고, 정치 사회론으로 그것도 마르크스주의 정치 사회론으로 잘 보강된 것이었다고 비난했다. 이에 몹시 화가 난 그 예수회원은 긴 반박문을 썼다. 그는 제대로 깨우친 사제들이 제2차 바티칸 공의회와 메데인 문헌에 제시된 변화들을 실현하려고 노력하는 상황에서, 로메로가 퍼붓는 비난은 바로 사제들의 목숨을 위태롭게 하는 매우 위험한 언사라는 논지를 펼쳤다. 로메로는 그에 대한 반론을 발표했다. 그러나 그는 그러한 판단을 자기 자신만의 것으로 유보한다는 점을 분명하게 밝히며 이렇게 마무리했다.

"그(로메로)는 자신의 판단을 고수한다. 그는 여전히 그들이 마르크스주의자라는 것을 증명할 수 있다."

예수회원은 이렇게 기억했다.

"아무도 그의 고집을 꺾을 수는 없었습니다."[47]

1972년에 대통령 선거가 있었다. 이때는 고집 센 로메로도 오래된 방식으로는 그 당시 엘살바도르의 소용돌이치는 긴장을 진정시킬 수 없다는 것을 알고 있었다. 그리스도교 민주당과 엘살바도르의 작은 공산당을 포함하는 사회 민주당의 연합인 전국 야당 연합Unión Nacional Opositora은 '영원한 군부 정당'인 국민 화해당Partido de Conciliación Nacional에 전례 없는 도전을 했다. 엘살바도르 민중은 전국 야당 연합을 전폭적으로 지지해 이 기회를 잘 활용하려고 했다. 그들은 몇십 년 동안 이어져 온 과두 통치에서 벗어나 진정 평화롭고 민주적인 변화를 이루겠다는 결의를 다지며 투표했다. 하지만 선거는 노골적인 사기극으로 끝났다. 아르투로 아르만도 몰리나 대령(그의 아들인 마리오 몰리나는 후에 로메로 암살 공모자의 하나로 연루된다.) 이 엘살바도르의 새로운 대통령으로 '선출'됐다. 군부와 결탁한 독재 정권이 40년 동안 끊임없이 지속되는 순간이었다.

부정 선거 이후로 상황은 악화됐다. 3월 25일 부정 선거에 항의하는 시위자들이 산살바도르에 모였다. 정부는 새로운 대통령에 대한 저항을 진압하기 위하여 엘살바도르 전역에 비상사태와 계엄령을 선포했다. 일부 진보 성향의 군인들은 직접 문제를 해결하기 위해 선거에서 패배한 후보인 나폴레온 두아르테를 억지로 내세워 쿠데타를 시도했으나, 실패로 돌아갔다. 그 이후 두아르테는 베네수엘라로 추방당했다. 성목요일 밤 로메로의 출신 교구인 산미겔의 한 마을인 엘카르멘에 군인들이 갑자기 나타나 집에 있는 농민 여섯 명을 끌고 갔다. 며칠 동안 가족들은 그들을 찾을 수 없었다. 성토요일이 되어서야 그들이 어디로 사라졌는지 의문이 풀렸다. 군인들이 고문하고 살해한 농민들의 시체를 엘카르멘의 길가에 버리고 간 것이다.

부활 주일 다음 월요일에 미겔 벤투라 신부는 대책을 논의하기 위해 산미겔 교구장인 에두아르도 알바레스 주교를 만나러 갔다. 알바레스는 엘살바도르 군대의 대령으로서 군종단장을 겸하고 있었다. 벤투라는 위로가 필요한 마을 사람들을 위해 알바레스에게 엘카르멘에 가 줄 수 있는지를 물었다. 그러자 그는 이렇게 대답했다.

"그들에게 위로가 필요하다고? 그런 사람들이 위로를 청하다니. 이제부터 무슨 일이 닥치든 그들이 겪어야 할 거요!"

벤투라는 정신이 아득해졌다. 걱정이 더 많아진 그는 이 문제를 논의하러 산살바도르의 로메로 주교를 찾아갔다. 새 보좌 주교인 로메로는 그가 전해 주는 이야기와 알바레스 주교의 반응을 듣고 속상했지만, 엘카르멘에 가서 그곳 사람들과 함께하는 것은 '현명한' 행동이 아니라고 말했다. 그는 벤투라에게 최근 '선출'된 몰리나 대통령의 가까운 친구인 교황 대사에게 가 보라는 무의미한 말만 했다.[48]

로메로는 빠르게 변화하는 사회적 상황과 자신이 직면한 사건들에 대해서 이처럼 조심스럽게 공감하는 모습을 보였다. 1972년 7월, 로메로는 엘살바도르의 다른 주교들과 함께 몰리나 대통령의 국립 대학교 점거 결정을 지지했다. 엘살바도르 군대는 수백 명을 체포하고 폭행했다. 대학은 1년 동안 폐쇄됐다. 그날 사건에 주교들이 직접 개입한 점은 주목할 만하다. (주교들은 대학교에서 활동하는 '파괴 분자'들을 비판했다.) 몇 년 뒤 로메로가 정치 개혁과 사회 정의를 위해 싸우는 사람들을 대신했을 때와는 달리, 이 사건에서 주교들이 발표한 성명은 교회가 아무런 관련도 없는 문제에 대해 정치적으로 개입한 것이라는 비난을 받지 않았다.

이 기간에 로메로는 신문에 특별 기고를 내고, 라디오와 텔레비전 방송에 출현해 교회 내의 '파괴 분자'들과 1인 투쟁을 이어 갔다. 그때 수도 인근 마을 자카밀 사람들이 그를 미사에 초대했다. 그곳에서 그는 그동안 자신이 비판해 왔던 엘살바도르 기초 공동체의 수많은 사람과 맞섰다. 그들은 자신들이 헌신해 온 사목 활동을 반대하는 주교의 일부 공식 입장에 대해 항의했다. 로메로는 당황했다. 로메로는 기초 공동체 운동을 비난하는 남아메리카 주교들의 다양한 '문서로 가득한 가방'으로 무장하고 있었다. 반면 사제들과 교리 교사들은 제2차 바티칸 공의회와 메데인 문헌들로 무장하고 있었다. '미사'에 참석했던 사람들 가운데에는 대학교에서 폭행당한 사람들도 있었다. (이 행사는 결국 시끄러운 말다툼으로 중단되고 말았다.)

로메로는 대학교에서 체제 전복을 도모한 증거를 갖고 있다고 주장했다. 그럴수록 평신도와 사제들의 분노는 높아져 갔다. 화가 난 로메로는 마침내 이렇게 소리쳤다.

"당신들이 여기서 하는 것은 사목 활동이 아닙니다! 당신들은 정치 활동을 하고 있습니다! 당신들은 나를 미사에 초대한 게 아니라 체제 전복을 도모하는 회의에 부른 것입니다!"[49]

그가 이렇게 공개된 자리에서 무너진 모습을 보인 것은 드문 일이었다. 이 사건은 엘살바도르처럼 사회·경제적으로 일촉즉발의 상황에서 교회의 역할과 그 실질적인 영향에 대해 고뇌하고 분투한 로메로의 모습을 보여 준다.

이 시기에 로메로는 여러 '진보' 세력들과 부딪쳤다. 보좌주교로서 로메로는 엘살바도르에서 '진보적인' 사제들에 반대하는 두 가지 중요한 운동의 주역이 되었다. 예수회와 오랜 인연을 맺고 개인적으로는 이냐시오 영성을 실천하면서도, 로메로는 예수회원들을 전국 신학교에서 몰아내는 매우 불편한 운동에 관여했다. 그는 신학생들에게 정치를 가르쳤다는 이유로 교수들을 비난했다. 또한 신학교의 예수회 지도자들이 권장하는 담론에 반대하는 주요 인사들 가운데 하나였다. (그 당시에 그는 불편하게도 그 신학교에서 예수회원들과 함께 살고 있었다.) 로메로는 수십 년 동안 신학교를 운영해 온 예수회원들을 쫓아내려고 하는 주교들 가운데 한 사람이 되었다. 신학교에서 마르크스주의를 가르치고, 그들이 헤픈 여자들과 놀아나며, 심지어 연구실에서 공산주의라는 '폭탄 제조'가 조직적으로 이루어지고 있다는 소문을 퍼뜨렸다. 로메로가 그렇게 공적·사적으로 한 선전은 결국 성공했다. 하지만 그는 바로 몇 년 뒤에 그러한 일을 한 데 대해서 부끄러움을 느끼게 된다. 50년 동안 신학교를 운영해 왔던 예수회원들은 1972년에 축출됐다. 그리고 로메로가 학장으로 임명됐다. 신학교는 다시 문을 열고 예수회의 가르침에 때 묻지 않은 새로운 교수진과 신학생들을 새로 뽑았다. 그러나 학생 수가 적고 운영비가 많이 들자, 주교들은 반년 뒤에 신학교를 완전히 폐쇄하기로 결정했다. 대실패였다. 허세를 부리던 보좌 주교 로메로에게는 당황스러운 일이 아닐 수 없었다.[50]

예수회원들과 첫 번째로 부딪친 이 사건은 서막에 불과했다. 산살바도르의 한 고등학교에서 예수회원들을 쫓아내는 다른 운동이 시작됐다. 중앙아메리카 예수회원들이 에스파냐 예수회원들을 대신하여 학교를 운영하게 됐다. 새로 온 예수회원들은 산호세 남자 고등학교에서 산살바도르 변두리 지역의 가난한 아이들을 위해 저녁 수업과 주말 수업을 추가했다. 그들은 특권층 아이들에게는 사회학을 가르치고, 그 아이들을 데리고 학교 밖 가난한 사람들이 사는 지역으로 현장 학습을 나갔다. 또한 그들은 지배층에 무턱대고 동조해 온 과거의 교회와 긴장을 빚어냈다. 그러면서 미래 교회는 가난한 사람들을 위한 최우선의 선택이 실제로 무엇을 의미하느냐에 따라 그 모습이 결정될 것이라고 날카롭게 비판해 많은 사람을 놀라게 했다. 이러한 예수회의 교육을 받은 학생들의 몇몇 부모들은 불안해했다. 아이들이 저녁 식탁에서 갑자기 날카로운 질문을 하는 데 불쾌해진 부모들은 대교구의 주교인 로메로에게 거리낌 없이 불평을 늘어놓았다. 〈오리엔타시온〉의 사설을 통해 로메로는 빗나간 예수회원들이 그 선임자들을 경멸하며 제공하는 '그릇된 해방 교육'을 강력하게 비난했다. 그는 학교에서 나눠 주는 소책자나 유인물에서 드러나는 '민중 선동과 마르크스주의'를 비판했다. 이 사설을 시작으로 몇 달 동안 소동이 일어났다. 대교구장 차베스 대주교가 구성한 조사 위원회에서 학교의 잘못이 없다는 보고가 나오고서야 이 소동은 가라앉았다.

예수회원들을 그 고등학교에서 몰아내는 데 실패했지만, 로메로가 열성적으로 관여했던 이 두 가지 사건은 1977년 그가 대주교로 임명되자 왜 엘살바도르의 예수회원들과 비슷한 생각을 가진 전국의 성직자들이 경악했는지, 반대로 현실에

만족하는 엘살바도르 사람들의 집에서는 왜 환호가 터져 나왔는지를 잘 설명해 준다.

얄궂게도, 로메로는 예수회원들에 반대하는 운동을 공적으로 했지만, 개인적으로는 정신적 고통과 싸우며 이냐시오 수련에 영적으로 매우 많이 의지했다. 그는 완벽주의를 추구하는 자신의 문제를 잘 알고 있었다. 동료 사제들의 지지와 동료애를 갈구하면서도, 이러한 인간관계를 맺어 감으로써 좌절할 수 있다는 생각에 스스로 자제했다. 그는 날마다 이냐시오 성찰을 하며 그러한 내적 위기를 극복하는 데 도움을 받았다. 그는 공적으로 엄격한 태도를 유지할 수밖에 없다고 믿었다. 밤마다 조용히 기도하고 묵상하며 로메로는 지독한 관료가 아니라 진정한 목자로 살기를 갈망했다. 그가 1977년에 체험하게 될 '회개'는 무엇보다도 이러한 갈망을 성찰하는 동안 뿌리를 내린 것이었다.

로메로의 영성은 소신학교에서 배운 글라렛 선교 수도회의 신심과 선교 열정에서 많은 도움을 받아 발전했다. 그는 삶의 여러 순간에 예수회원들의 영향을 받았고, 엄격한 규율을 지키면서 자기 성찰과 반성을 깊이 하는 습관이 들었다. 이것은 그의 인격적인 특성이 되었다. 그리고 만년에는 오푸스 데이 Opus Dei 회원들과 영적 상담을 하며 그러한 성격이 더해졌을 것이다. 이 복잡한 가톨릭의 영성 전통을 따르면서 로메로는 간헐적으로 드러나는 자신의 불안과 우울증에 대처해야 했다. 그는 자신을 궁지로 몰아넣는 정신적·심리적 성향을 더 잘 이해하기 위해 정신 분석학을 탐구하기도 했다. 사람들은 대주교인 그가 새로운 상황에 직면했을 때 빠르게 적응하는 능력을 놀라워했다. 특히 뒤늦게 그의 인생관이 그렇게 쉽게 바뀔 것이라고 기대하지 않았을 것이다. 역설적으로 자신의 세심하고 단호한 성격을 이해하려는 욕구가 있었기 때문에, 로메로는 중년이 되어서도 기도와 성찰, 분석을 통해 이러한 개인적·사회적 유연성을 지니게 되었을 것이다.

정신 분석학을 탐구하며 로메로는 스스로 외로움을 심화시키는 행동이나, 신자들과 동료 사제들과의 관계에서 그가 했던 행동들을 이해할 수 있었다. 그가 이겨 내려고 했던 불안 성향은 여러 해 동안 그를 보수적인 겁쟁이로 만들었다. 그는 낡은 방식을 고수하며, 제2차 바티칸 공의회 이후 전개된 성직자들의 현실을 받아들이려고 하지 않았다. 기묘하게도 그의 세심한 성격은 그에게 회개의 문을 열어 주는 계기가 되었다. 모든 사람이 전혀 가망이 없는 구석기 시대 성직자라고 여겼던 이 주교를 진보적인 사제들이 기리는 날이 오게 된다.

제4장

신중한 성직자의 깨달음

보좌 주교로서 로메로가 산살바도르의 성직자들의 저항에 맞섰던 행동은 오래가지 못했다. 엘살바도르에서 일어난 사건들은 교회의 오래된 모든 생각의 범위를 넘어섰다. 로메로는 민중의 삶에서 교회가 하는 역할에 대해 전통적인 생각을 갖고 있었다. 그러나 그는 여전히 민중의 사람이고, 민중에서 나온 사람이며, 민중을 돌보는 사람이었다. 대중 앞에서 권위적이고 엄숙한 모습을 보이면서도, 민중과 함께하고 민중을 위한 사목 활동을 더욱 열심히 수행하려고 했다. 그는 자신이 사는 이 시대의 정치와 교회 환경이 급변하는 것에 당혹스러워했지만, 결코 민중의 고통에 무관심하지 않았다. 그는 자신도 모르는 사이에 달라져 있었다. 로메로가 따분한 성직자의 허물을 벗고 엘살바도르 민중과, 곧이어 전 세계인의 사랑을 받게 될 영웅이 되기까지는 그리 오랜 시간이 걸리지 않았다.

엄숙한 임무를 수행하던 로메로는 1974년 산살바도르의 보좌 주교로서 마지막 혼란을 겪었다. 로메로는 로마에서 열리는 세계 주교 대의원 회의에 엘살바도르 대표로 선출됐다. 그러나 많은 책임을 맡으면서 정신적·육체적으로 힘이 들었던 로메로는 그러한 명예를 사양했다. 그러자 주교들은 동료 보좌 주교인 리베로가 그를 대신해 로마에 가도록 결정했다. 이에 로메로는 자신의 성급한 결정을 번복하고, 리베라를 대표 자리에서 물러나게 하려고 했다. 엘살바도르 주교들을 대표하기에 리베라는 너무 급진적이라고 걱정한 것이다. 리베라는 로메로가 자신에 대해 품고 있던 의심을 숨기지 않았다고 회상했다. 리베라가 보기에, 그 당시 로메로는 우울증을 겪고 있는 것 같았고 매우 지쳐 보였다. 로메로는 다른 사람이 할 수 있음에도 책임을 위임하지 못하여 자신을 혹사시켰다.[51]

그 사건으로 감정이 더 나빠질 수 있었지만, 얼마 지나지 않아 로메로는 산티아고 데 마리아 교구의 주교로 임명된다.

로메로에게 그 명예는 엘살바도르의 저항 세력에 맞서는 그의 투쟁Lucha을 옹호하는 것이며, 제2차 바티칸 공의회의 정신을 신중하게 해석해 온 그를 지지하는 것이었다.[52] 〈오리엔타시온〉에 쓴 이임사에서, 로메로는 '종교의 영적인 토대를 파괴하는 데 종교를 이용하려는 사람들의 세속적이고 폭력적이며 무절제한 행동'에 대하여 다음과 같이 '유감'을 표명했다.

"신앙을 잃어버린 사람들이 신앙의 이름으로 신앙과 맞서 싸우려고 한다. 앞뒤 가리지 않는 무모한 곡예사처럼 출처가 미심쩍은 사회 운동을 하는 무례한 사상가들의 억측에 흥분하며 날뛰는 것이 아니라, 우리는 확실한 것을 붙잡기를, 두려움과 떨림으로 베드로의 반석을 붙들기를 선호해 왔다."

산티아고 데 마리아의 주교로 임명되어 다시 힘을 얻은 로메로는 다음과 같이 덧붙였다.

"편집인에 대한 이와 같은 교황의 신뢰는 그의 지도 아래 편집된 신문 지면에 영감을 불어넣는 이념에 대해 교회 교도권이 지극히 엄숙하게 지지하는 것으로 해석되어야 한다."

이는 또한 "따르기로 결정한 그 길에 대한 암묵적인 승인"에 해당된다고 말했다.

그 이후에 로메로는 자신이 오랫동안 따랐던 길이 아닌 길로 가게 된다. 산티아고 데 마리아에서 그는 현실 세계와 맞닥뜨렸다. 그 시기 엘살바도르의 많은 성직자와 마찬가지로, 로메로는 대교구의 직무와 관료적 업무 속에 파묻혀 지냈다. 산티아고 데 마리아 거리에서는 가진 사람들과 아무것도 못 가진 사람들 사이의 갈등이 공공연하게 드러났다. 뜨내기들과 커피 수확 노동자들, 목화 따는 노동자들은 거리에서 살면서 밤이 되면 추위에 떨고 빈번하게 강도들에게 약탈당했다. 그들은 완전한 무방비 상태로 위험에 처해 있었으며, 때로는 죽음을 맞기도 했다.

로메로는 곧 산살바도르에서 겪었던 관료주의와 이념의 싸움에 휘말리게 된다. 산살바도르에서 불안을 조장하는 예수회원들의 교육 활동을 막으려고 노력했듯이, 산티아고 데 마리아의 새 주교인 로메로는 농민 교육 센터인 로스나란호스Los Naranjos에서 싸웠다. 로스나란호스에서는 농민들에게 교리와 글을 가르치고 '국가 현실' 문제에 관한 수업도 했다. 이 수업은 교구의 농민들에게 그 당시 정치 상황을 가르치는 교육으로, 한때 그들의 공동 소유였던 토지를 19세기와 20세기 초에 어떻게 빼앗기게 되었는지를 설명했다. 그리고 그러한 불의에 대한 대응으로 어떻게 토지 개혁을 시작해야 하는지를 가르쳤다. 로스나란호스에서 불온한 교육이 이루어지고 있다는 항의를 들은 로메로는 직접 '국가 현실' 수업에 들어가, 토지 소유의 역사와 농지 개혁의 필요성에 관한 사제의 설명을 들었다.

그는 수업의 내용 자체는 이단적인 것이 아니지만, 분명히 현명하지 못한 것이라고 판단했다. 그래서 그 수업을 운영하는 한 사제에게 자신의 걱정을 이야기했다. 로메로는 수업에 참여한 사람들, 특히 농민들을 걱정했고, 그 교육이 어떠한 결과를 가져오게 될 것인지를 걱정했다. 그는 수업 내용의 공정성과 정확성을 부정하지는 않았지만, 이렇게 이야기했다.

"우리는 그들을 통제할 수 없기 때문에 그들이 마을로 돌아가서 어떠한 말을 할지 알 수 없습니다."[53]

1975년 7월 30일, 산살바도르 군대는 정부의 산타아나Santa Ana 대학교 폐쇄에 저항한 학생 40여 명을 총살했다. 이 사건은 전국적으로 공포와 분노를 불러일으켰고, 수도에서는 시위가 일어났다. 로스나란호스의 한 사제는 학생들이 총살당한 데 대한 항의로 산살바도르 주교좌성당을 점거한 무리에 가담했다. 이에 로메로는 산티아고 데 마리아의 주교로서 간단하게 로스나란호스의 폐쇄를 명령했다.[54] 대중 매체를 통한 선전은 필요하지 않았다. 그리고 로스나란호스의 교육 과정에서 다소 도발적인 요소들의 수위를 조절하고, 교육 내용을 재편성하도록 했다. 본당 사목구 중심으로 지역 사제들이 교육을 쉽게 감독할 수 있도록 조정했다. 교황 대사 에마누엘레 제라다는 로스나란호스 폐쇄 결정을 눈여겨보고 로메로를 존경하게 되었다. 차베스 대주교의 후임으로 로메로를 로마에 추천해 달라는 요청을 받았을 때, 아마도 그는 이때의 일을 기억했을 것이다.[55]

얼마 지나지 않아 로메로는 직접 '국가 현실'을 배우게 된다. 엘살바도르의 다른 지역과 마찬가지로, 그의 새 교구에서도 토지 소유가 불공평하게 이루어졌던 것이다. 부재지주不在地主들은 경작하기 좋은 땅을 사들여 자신들이 사용하지 않으면서 그 땅에서 가난한 사람들을 몰아냈다. 수확기에는 뜨내기 노동자들에게 쉴 곳도 제공하지 않았으며, 가난한 사람들을 길에서 살도록 내몰았다. 더 심하게는 노동자들의 몇 푼

안 되는 품삯까지 빼앗기도 했다.

저널리스트 필립 베리맨은 자신의 정체를 숨기기 위해 에드문도 모란이라는 필명으로 그 당시 여러 위험한 지역을 찾아다니면서 엘살바도르에 관한 글을 썼다. 1978년에 로메로가 살던 시대의 징표들, 그 당시 경제의 살벌한 풍경을 〈아메리카 America〉에 적었다. 엘살바도르의 땅과 부는 소수의 손에 집중됐고, 전국의 농산물은 '소수의 이익'만을 위하여 수출됐다. 베리맨은 이렇게 말했다.

"1961년에는 땅이 없는 소작농들이 3만 명에 지나지 않았지만, 지금은 26만 6천 명이나 된다. 1972년에 콩, 옥수수, 소금, 설탕을 모두 살 수 있었던 돈으로 지금(1977년)은 38퍼센트밖에 살 수 없다. 농장 일로 받을 수 있는 최저 일당은 그동안 1.28달러에서 2.40달러로 올랐다. 올해 물가 상승률은 22퍼센트로 추정된다. 그러나 목화와 사탕수수를 수확하는 노동자들의 최저 임금은 전혀 오르지 않았다."[56]

엘살바도르의 어린이의 75퍼센트 이상이 영양실조에 걸리고, 영아 사망률도 60퍼센트를 넘어섰다.

베리맨은 메데인 총회에서 그러한 사회 구조를 '제도화된 폭력'이라고 묘사했다. 곧 국가, 경제, 그에 따르는 사회 구조는 의식하지 못하는 사이에 사람들의 삶에 스며들어 소수를 위해 다수에게 악영향을 끼친다. 이러한 빈부 격차는 농민들에게 투쟁심을 불러일으켜 봉기와 시위에 가담하게 하고, 개인적으로 커다란 위험을 감수하게 한다. 엘살바도르 사람들은 이렇게 말했다.

"굶어 죽느니 차라리 싸우다 죽겠다."[57]

농민들이 현재의 상황을 잘 받아들이도록 교구의 세 주교나 사제들이 그들을 다독일 때, 국가 방위군도 그들의 역할을 수행했다. 교구 사제들과 교리 교사들이 사목 활동을 할수록 방위군의 활동은 더 복잡해졌다. 그들은 이 시기에 이루어진 성경 공부 모임을 가난한 사람들의 불만과 기대를 불러일으키려는 체제 전복 활동으로 여겼다. 엘살바도르의 소작농들은 자신들의 권리를 주장하기 위해 농민 단체를 조직했고, 교회는 그들의 활동을 도왔다.

커피 수확기에는 전국의 농민들이 산미겔로 모여들었다.

로메로는 길거리에서 지내는 가난한 사람들의 모습을 보고 충격을 받았다. 주일 미사에 오는 농장주들은 노동자들을 위해 아무것도 마련해 주지 않았다. 로메로는 노숙하며 지내는 가난한 사람들을 위해 교구 시설을 개방했다.[58]

1974년 엘살바도르 전역에서 소작농들과 시민들이 부정 선거에 항의하고 농장 노동자들의 정당한 대우를 요구하다가 총격을 받거나 학살당했다. 산프란시스코, 치나메키타, 라카예타나, 산타바르바라와 그 밖의 지역에서 국가는 온갖 반대에 공격적으로 대응했다. 보안대에 체포된 사람들은 실종됐다. 엄숙한 차베스 대주교가 메마른 목소리로 말했다.

"커피가 사람들을 잡아먹는구나."[59]

농장 노동자들의 단결에 대한 대응으로 인근 교구들에서 폭력 사태가 발생했다. 이 사태는 마침내 산티아고 데 마리아까지 확산됐다. 1975년 6월, 로메로의 교구 관할 지역인 트레스카예스에서 남자 여섯 명이 잔인하게 폭행을 당하고 살해됐다. 정부는 그 소작농들이 체제 전복을 노리는 지하 조직의 일원들로 국가 방위군을 습격했고, 총격전을 벌인 끝에 사망한 것이라고 설명했다. 그렇지만 이른바 습격을 당했다는 방위군 가운데 부상당한 사람은 아무도 없었다. 마을 사람들의 이야기에 따르면, 희생자들은 모두 잠을 자다가 끌려 나와서 고문을 당하고 총과 칼로 냉혹하게 살해당했다. 방위군은 그들의 집을 다 뒤졌지만, 어떠한 무기도 찾아내지 못했다.

로메로는 교구 사제인 페드로 페라다스와 함께 그곳을 찾아갔다. 희생자들의 시신이 매장된 직후였다.[60] 그들의 집의 벽과 마룻바닥은 핏자국으로 얼룩져 '그때까지도 피비린내가 났다.' 로메로가 한 번도 본 적 없는 만행이자 잔혹 행위였다. 페라다스는 이렇게 기억했다.

"그 뒤로 우리는 그러한 잔혹한 행위에 익숙해졌습니다. 그러나 그 당시에는 처음 겪는 일이었습니다."

그때부터 상황은 더 나빠지기 시작했다. 로메로는 농민들의 눈에서 분노가 번뜩이는 것을 보고 놀랐다. 비통해하는 그들을 위로하는 것은 불가능해 보였다. 잔혹한 행위가 자행된 트레스카예스를 떠난 로메로와 페라다스는 얼마 지나지 않아 또 다른 상황에 맞닥뜨렸다. 마을에서 사라진 남자아이가 트레스카예스에서 멀리 떨어진 비포장도로 옆 배수로에서 시신으로 발견됐다. 군인들이 그 아이를 고문하고 처형한 뒤 그곳에 버리고 간 것이었다. 로메로는 이에 대응을 할 수 없는 자신에게 무력감을 느끼며, 분노로 들끓는 마을을 떠났다. 방위군 부대는 분노한 농민들이 큰 칼을 들고 서 있는 마을로 다시 돌아가고 있었다. 로메로는 마을에 사는 사람들이 겪는 공포에 전율을 느꼈다.

차로 돌아가면서 침울해진 로메로는 말이 없었다. 안전한 차 안에 앉고 나서야 로메로는 마침내 말을 꺼냈다.

"페드로 신부님, 우리는 부자들을 복음화시키는 길을 찾아야 합니다. 그래야만 그들이 변화되고 회개할 수 있습니다."[61]

이때에 로메로는 둘로 갈라진 엘살바도르 사회에서 회개가 필요한 사람들은 그가 조금 전에 위로하려고 했던 고통받는 공동체가 아니라, 특권에 중독된 부유층이라고 이해했다. 부유층이 누리는 특권이, 자신이 방금 빠져나온 트레스카예스에서 일어난 형언할 수 없는 비극의 근원이라고 인식하기 시작한 것이다. 그는 산티아고 데 마리아로 돌아오는 길에서 근본적인 인식이 변화된 모습을 보여 줬다. 이는 그가 평생 수행했던 사목적 중재 역할에서 벗어나는 첫걸음을 내딛는 것이었다. 그동안 그는 가난한 사람들의 극심한 고통에 연고를 발라 주듯 자선금을 나누어 주었고, 부자들에게 호소하여 자선금을 모아 왔다. 자선을 통해 부유한 사람들이 구원의 길에 좀 더 가까워지도록 하여 덕행의 이중 효과를 얻게 하려는 것이었다. 그러나 트레스카예스의 참상을 통해 로메로는 부자들이 가난한 사람들에게 주어야 할 것은 한낱 물질적 자선이 아님을 깨닫기 시작했다. 부자들에게는 마음의 회개가 필요했다. 그래야 엘살바도르의 가난한 사람들이 단지 부자의 식탁에서 떨어지는 부스러기가 아니라 그들이 앉을 자리를 얻게 될 것임을 깨달은 것이다. 가난한 사람들에게는 자선이 아니라 정의가 필요했다.

로메로는 트레스카예스의 농민들에게 이야기하지 않고, 나중에 방위군 지역 사령관을 찾아가 그 학살에 대하여 항의했다. 사령관은 그 사건에 대해 지역 범죄자들과 관련된 하찮은 사건이라고 대수롭지 않게 여겼다. 그는 로메로를 손가락으로 가리키며 충고했다.

"수단soutane은 방탄복이 아닙니다."

힘없는 사람들을 변호했다는 이유로, 로메로는 처음으로 생명의 위협을 받았다. 몇 년 지나지 않아 그는 이러한 위협을 수없이 받게 된다.

 그 당시 로메로는 여전히 정부를 공개적으로 비판하는 것을 자제하고, 교회가 정치적 물의를 일으키는 것을 꺼렸다. 그리고 공동선을 증진하고 보존할 책임이 있는 정부 당국자들이 농촌에서 이러한 잔혹 행위가 발생한 것을 알고 있으리라고는 생각하지 않았다. 로메로는 트레스카예스에서 발생한 사건과 무책임한 지역 방위군 책임자에 대하여 몰리나 대통령에게 정중하게 항의하는 서한을 보냈다.

 한편, 산티아고 데 마리아에서 로메로는 엘살바도르의 국가 위기를 초래하는 사회 경제적 토대를 이해하기 위해 매우 진지하게 노력을 기울이기 시작했다. 메데인 문헌에 함축된 의미를 찾고, 가난한 사람들의 경험을 통해 배우면서 로메로는 그 문헌의 타당성과 그 시대의 징표들에 대해 진실하게 분석할 수 있었다. 추수기가 되면 로메로는 사용하지 않는 성당 건물들을 일용 노동자들을 위한 쉼터로 개방했다. 그들이 부자들을 위해 하루 종일 뼈 빠지게 일해도 제대로 된 음식을 살 만한 돈을 벌지 못하는 것을 알고, 밤에는 그들에게 따뜻한 음식을 제공했다.

1976년 사회적 긴장감은 더욱더 높아졌다. 그 상황을 모면하기 위해 몰리나 대통령은 그동안 사람들이 오랫동안 희망했지만 무산된 시도 가운데 하나인 토지 개혁을 제안했다. 지주 특권층이 강력하게 반대했지만, 정부는 '한 발짝도 후퇴'하지 않을 것이라고 주장했다. 이와 같은 대통령의 말에, 로메로는 교구의 성직자들과 수도자들에게 교회가 도울 방법을 찾아보라고 했다. 그들은 토지 개혁 방안을 사흘 동안 연구한 뒤에 토지 개혁에 관한 세미나를 열어 이야기하는 시간을 가졌다. 로메로는 자신이 다시 성실한 신학생이 된 것처럼 강의를 열심히 들으면서 꼼꼼하게 적었다. (엘살바도르 민주 항쟁에서 주동 인물이 될) 농지 개혁 전문가인 루벤 사모라는 로메로의 지시로 산티아고 데 마리아의 사제들을 가르쳤다. 이에 대해 그는 이렇게 말했다.

"그 장면을 결코 잊을 수 없습니다. 저는 모든 사제에게 농지 개혁을 설명했죠. 로메로 주교님은 맨 앞줄 책상에 앉아서 제가 하는 말을 열심히 들으며 적으셨습니다. 그분은 배우고 싶어 하셨습니다."[62]

로메로는 엘살바도르의 권력자와 만날 기회가 생겼다. 그는 정부가 제안한 농지 개혁에 대해 사제들의 연구 모임에서 나온 의견들을 그를 통해 몰리나 대통령에게 전달했다. 그러나 농지 개혁에 대한 로메로의 열정은 석 달 만에 물거품이 되고 말았다. 몰리나는 한 발짝도 물러서지 않겠다고 한 자신의 말에 책임을 지지 않았다. 지주들의 격렬한 반대에 부딪히자 농지 개혁과 토지 재분배에 대해 자신이 한 약속을 재빨리 뒤집어 버린 것이다. 토지 개혁에 대한 이러한 시도는 엘살바도르의 깊어지는 갈등을 해결하기 위한 마지막 기회였다. 토지 개혁이 갈등을 해결하기 위한 평화적 대안이라고 인식했던 로메로는 몹시 실망했다.

나라는 비극적인 상황이었지만, 산티아고 데 마리아에서 로메로가 겪은 짧은 경험은 그에게 매우 유익했다. 로메로는 그곳에서 엘살바도르의 힘없는 사람들이 살아가는 절망적인 현실에 다시 눈을 떴고, 예전에는 의심하고 두려워했던 '해방' 성직자들과 친분을 쌓았다. 그는 그들의 '정치적' 활동을 자연스럽고 영적인 소리로, 사목 활동에서 나오는 결과로 보기 시작했다. 더욱 중요한 것은, 이러한 활동이 제2차 바티칸 공의회와 메데인 총회에서 나온 교회의 가르침을 전적으로 따른 것임을 인식하게 되었다는 것이다. 혁명가들이 설파하는 '폭력의 신비주의'를 비판했던 것처럼, 산티아고 데 마리아에서 로메로는 처음으로 '정의와 자유를 청원하려고 질서 정연하게' 거리로 나온 사람들에게 자행되는 폭력을 비난했다. 그러나 그곳에서 지낸 짧은 재임 기간, 그에게 가슴이 미어지는 깊은 충격을 주었던 일은 따로 있었다. 그가 가난하고 힘없는 사람들이 풀이하는 성경 해석에서 통찰력과 지혜를 발견한 것이다. 그전에도 로메로는 몇 차례 농민들의 성경 풀이를 들을 기회가 있었지만, 이번에는 그들의 삶을 통해 성경 말씀을 새롭게 듣고 배웠으며, 깊은 감동을 받았다. 권위 있는 가르침만을 신뢰하던 로메로에게 가난한 사람들의 지혜는 벼락처럼 들렸다. 그 지혜는 그의 삶에 새로운 방향을 제시해 주었고, 앞으로 남은 생애에서 그의 권위와 성덕에 제기될 무수한 도전과 힘겨운 비난을 이겨 내도록 도와줄 확신이 되었다.

제5장

민중의 목자

산살바도르 대교구를 38년 동안 이끌어 온 차베스 대주교가 은퇴를 준비하고 있었다. 그는 총대리인 리베라 보좌 주교가 자신의 후계자가 되어, 심각한 사회적 혼란을 겪게 될 시대에 산살바도르를 이끌어 가기를 기대했다. 그는 엘살바도르의 복잡하고도 위험한 시대의 징표를 이해하는 사람이 대주교를 맡기를 원했다.

엘살바도르의 농민들은 대를 이어 온 특권층인 지주들을 위하여 정부가 일상적으로 자행하는 억압의 표적이 되어 왔다. 이제 교회는 가난한 사람들의 인간적인 역량과 희망을 일으켜 세워야 하는 임무를 깨달았다. 또한 바오로 6세 교황이 말한 '민족들의 진정한 발전'을 추구해야 할 교회의 역할 때문에 억압의 채찍질을 받는 고통을 느끼기 시작했다. 교회의 수녀들과 사제들, 본당 사목구의 교리 교사들은 살해 위협을 받았다. 국가 방위군은 어떠한 설명이나 영장도 없이 그들의 집을 샅샅이 뒤지고 수색했다. 몇몇 사람들이 잡혀가 고문을 당하기도 했다. 외국인 사제들은 체포되어 학대를 받고 국외로 추방됐다. 대교구의 출판사, 성 바오로 서점, 중앙아메리카 대학교는 폭탄 공격을 받았다.[63]

농촌에서 활동하는 사제들과 산살바도르의 가난한 사람들은 리베라 주교를 좋아했다. 메데인 문헌에 따라 사제들은 가난한 사람들의 조직을 만들고, 농민들의 지도력을 발전시키려고 노력하면서 엘살바도르의 사회 불의에 맞섰다. 차베스는 주교좌를 떠날 때까지 이들과 함께했다. 사람들은 리베라만이 이 진보의 길을 계속해서 걸어갈 수 있는 유일한 대주교 후보자라고 여겼다.

엘살바도르의 소수 지주 계층은 교회가 노동 조건과 임금 개선, 토지 개혁을 선동하는 '불법적'인 농민 조합에 힘을 실어 주자 갈수록 불안함을 느꼈다. 차베스는 자신의 등 뒤에서 교황 대사와 엘살바도르의 군부 지도자들, 지주 계층, 심지어는 엘살바도르 주교회의의 다른 주교들마저 자신들이 더 좋아하는 후보자를 로마에 청원하며 온갖 노력을 기울이고 있다는 것을 알고 있었다. 그 후보자는 바로 로메로였다. 때가 되자 로마에서는 결정이 내려졌다. 차베스는 교구의 친한 친구에게 이렇게 말했다.

"참 이상합니다. (사도좌에서는) 리베라 주교님에 대한 제 의견에는 관심이 없습니다. 제가 그를 언제나 제 후계자로 생각했다는 것을 그들도 압니다. 대주교로 일한 40년 동안, 그들에게 제 의견은 안중에도 없었던 것 같습니다."[64]

부유층은 로메로가 리베라를 제치고 대주교로 선임되자 몹시 기뻐했다. 그러나 교구 사제들은 이에 절망했다. 사제들은 로메로가 무슨 수를 써서라도 민중과 함께하는 자신들의 활동을 막을 것이라고 짐작했다. 사실 이때까지만 해도 대주교가 된 로메로가 아메리카 전역에서 '목소리 없는 사람들의 목소리'로 사랑받을 것이라고는 아무도 예상하지 못했다. 산티아고 데 마리아의 주교로서 그가 마지막으로 한 일은 엘살바도르 성직자들의 '정치화'에 관한 자신의 우려를 비밀 보고서에 자세하게 기록해 로마에 보낸 것이었다. 이 비판적인 보고서에는 '군사 정권의 억압'과 '소수가 모든 것을 차지하고, 대다수는 궁핍한 생활을 하는 극심한 사회 분열'이 지속되고 있는 엘살바도르의 상황이 적혀 있었다. 그러나 한편으로는 사제들이 농민들과 대화하고 그들을 가르치는 데 마르크스주의적 분석을 사용하고, 정의를 추구하는 성직자들이 성경 공부를 빙자하여 '정치적 이데올로기'를 전파한다는 걱정이 담겨 있었다.[65]

'급진적인' 리베라 대신 '신뢰할 만한' 대안으로 로메로를 지지했던 사람들은 그가 산티아고 데 마리아에서 만났던 농민들에 대한 처우를 점차 심각하게 받아들이기 시작한 것을 알아채지 못했다. 로메로는 이러한 생각을 공개적으로 드러내는 것을 매우 자제했다. 농민들이 겪는 고통을 깨달은 뒤, 그는 국가 방위군이 그들에게 입힌 육체적·정신적 피해에만 관심을 기울이지 않았다. 민중의 목자로서 농민들의 복지에 끊임없이 관심을 기울이면서 그는 정부에 대해 의심하게 되었다. 정부는 농촌의 군대와 보안대에서 악행을 일삼는 자들을 색출해 처벌하려는 노력을 기울이지 않았다. 로메로는 친구라고 여겼던 정부 당국자들이 적극적으로 공모하지는 않았지만, 국가의 최하위 계층과 땅이 없는 농촌 노동자들에 대한 억압 행위에 암묵적으로 동조하고 있다는 것을 알게 되었다.

그는 여러 해 동안 주교로서 품위를 지키고 다양한 임무를 수행하느라 가난한 사람들과 동떨어진 성직자의 삶을 살아왔다. 그러한 그가 땅이 없는 노동자들의 고단한 삶과 가난한 사람들이 일상적으로 당하는 억압에 다시 관심을 갖게 된 것이다. 산티아고 데 마리아에서 2년간 살면서 그는 말을 타고 교구의 이곳저곳을 방문했다. 자신이 어릴 때 보았던 빈곤과 절망을 다시 보며, 민중의 고통을 실감했다. 가난한 사람들은 가장 고된 일을 하고 최저 임금을 받았다. 실제로는 공식적인 최저 임금보다 더 낮게 받거나 그마저도 착취당했는데, 그런 처우에 불만을 품으면 잔인하게 매를 맞기도 했다. 로메로는 스스로 해방 신학의 지지자가 될 것이라고 상상도 할 수 없었을 때에, 일기에 이렇게 썼다.

"가난한 사람들의 세상은 우리에게 가르쳐 준다. 단순히 정부나 교회의 자선을 받지 않고, 가난한 사람들 스스로 해방을 위한 투쟁의 주인과 주인공이 될 때 해방이 찾아오리라는 것을."[66]

로메로는 1977년 2월 22일 대주교로 승품됐다. 엘살바도르에 위기와 갈등이 급속히 악화되던 시기였다. 그가 산살바도르의 대주교가 되기 이틀 전, 대통령 선거가 있었다. 카를로스 움베르토 로메로 장군과 개혁 성향의 후보인 전국 야당 연합의 에르네스토 클라라몬트 로세비에 대령이 대결했다. 그때까지도 투표를 통해 정의를 쟁취할 수 있다고 희망했던 사람들과 전국의 농민들은 로세비에를 지지했다. 그러나 정부의 지원을 받는 민병대의 위협과 노골적인 투표 조작으로 또다시 선거는 엉망이 됐다. 결국 (새 대주교와 아무런 관련이 없는) 로메로 장군이 두 배가 넘는 표차로 당선됐다.

선거 절차가 정신없이 마무리되면서 산살바도르는 점차 혼란에 휩싸여 갔다. 그 와중에 로메로 대주교의 착좌식은 서둘러 조용히 진행됐다. 몇 년 전 성대하게 거행됐던 주교 서품식과 비교하면 더욱 소박해 보였다. 산호세 델라 몬타냐 신학교의 경당에서 열린 착좌식에는 교황 대사 제라다와 주교 몇

명, 외교관, 그리고 차베스 대주교에게 작별 인사를 하러 온 몇 안 되는 사제들과 수녀들이 참석했다. 아마도 이 착좌식을 가장 기뻐했던 사람은 군부와 기업인, 지주들과 같은 엘살바도르의 특권층이었을 것이다.[67] 그러나 산살바도르 거리에 부정 선거에 대한 분노가 들끓고 있었기 때문에 정부 인사는 이 행사에 아무도 참석하지 않았다.[68]

로메로가 대주교로 임명되고 얼마 지나지 않아, 사제들이 체포되고 추방당하기 시작했다. 심지어는 엘살바도르에 입국하는 것이 금지되기도 했다. 한 엘살바도르인 사제는 납치를 당해서 죽기 직전까지 고문을 당하고 교구청 문 앞에 버려졌다. 농촌에서는 물러나는 몰리나 대통령이 포기한 토지 개혁을 선전하여 이득을 계속 보려는 자들이 농민들을 폭행하곤 했다.[69] 산살바도르의 리베르타드 광장은 야당 사람들로 가득 찼다. 산살바도르 본당 사목구들의 그리스도교 기초 공동체에 속한 수천 명이 도둑맞은 대통령직에 항의했고, 다른 여러 시위와 파업이 이어지면서 산살바도르는 수도로서 기능이 멈추고 말았다.

그 당시 로메로는 산티아고 데 마리아 교구의 일을 정리하느라고 산살바도르에 없었다. 그는 산살바도르로 돌아오라는 루벤 사모라의 호소에 귀를 기울였다. 사모라는 여자들과 아이들이 광장에 있으며, 폭력 사태가 터지기 일보 직전이라고 말했다. 그러면서 대주교가 그 사람들과 함께 광장에 있다면 군대가 시위대를 쓸어버리기 위해 감히 무력을 행사하지는 못할 것이라고 했다. 산티아고 데 마리아에서 그 말을 들은 로메로가 사모라에게 말했다.[70]

"기도 중에 당신을 하느님께 맡겨 드립니다."

군대가 리베르타드 광장에서 연좌시위에 참여한 수많은 사람에게 총격을 가해 수십 명이 사망했다. 부정 선거를 항의하는 사람들에게 정부는 폭력으로 응답한 것이다. 2월 28일 아침, 은퇴한 차베스 대주교와 리베라 보좌 주교는 군대를 피해 사람들이 광장 근처에 있는 성당으로 피신할 수 있도록 적십자와 함께 휴전을 중재했다. 그날 산살바도르에는 로메로가 없었지만, 그 이후 로메로는 산살바도르에서 그가 필요할 때 항상 그곳에 있었다.[71] 시위대와 군대가 계속 충돌하는 가운데 총격이 일어났다. 정부는 여덟 명이 사망했다고 밝혔지만, 야당의 기록에 따르면 그날 무려 엘살바도르인 100명이 살해당했다.

  이 사건을 계기로 신중한 성직자인 로메로가 전국의 목자라는 새로운 임무를 받아들였다. 대주교로서 재임한 3년이라는 짧은 기간에, 로메로는 엘살바도르에서 끊임없이 이어지는 사회적 긴장 상황과 고조되는 폭력 사태를 견뎌 내야 했다. 그리고 대주교인 로메로가 암살당한 뒤에는 엘살바도르 민중의 고통이 더 악화됐다. 10년이 훨씬 넘도록 이어질 내전의 수문이 열린 것이다. 로메로는 이러한 일이 일어나지 않기를 간절히 원했다. 교회가 엘살바도르의 변두리, 농촌에 사는 가난한 사람들의 방패막이 되어 주지 않는다면, 그들의 고통은 더욱 극심해질 것임을 잘 알고 있었다. 그는 전쟁이 일어나는 것을 막으려고 온몸을 바쳤다. 처음에는 엘살바도르의 부유층과 군부 그리고 버림받은 가난한 사람들의 중재자가 되면 이 목표를 이룰 수 있다고 믿었다. 그러나 그가 더욱더 적극적인 역할을 해야 할 순간은 매우 빨리 다가왔다. 그리고 로메로는 어느 한편을 선택해야만 했다.

  로메로가 친구인 루틸리오 그란데 신부를 마지막으로 만났을 때 두 사람은 좌절해 있었다. 대선의 결과로 산살바도르에 위기감이 고조되었다. 이때 로메로는 대주교로서 첫 번째 사제 총회를 소집했다. 엘살바도르에서 프로테스탄트의 선교 활동이 점차 위협으로 번지는 상황을 논의하는 자리였다. 로메로는 토론의 주재를 그란데에게 요청했다. 계엄이 선포되고, 군대의 살수차가 리베르타드 광장에서 총격을 당한 사람들의 핏자국을 닦기 위해 물을 뿌려 대고 있을 때, 화가 난 교구 사제들이 몹시 당혹스러워하면서도 총회에 참석했다.

그란데는 프로테스탄트의 나쁜 영향에 관해 토론을 이끌어 가려고 했다. 하지만 많은 사제가 실종자들에 대한 대책을 마련하기 위해 자신들의 본당 사목구로 돌아와 달라는 연락을 받았다. 새로운 폭력 사태가 계속 보고되어 회의가 연거푸 중단됐다. 그란데는 이내 토론을 완전히 포기하고, 회의 주제를 바로 거리에서 일어나고 있는 '다른, 더 중요한 일들'로 바꿨다. 회의에 참석했던 사제들은 대주교인 로메로가 자신은 물론, 도시 전체를 그대로 삼켜 버리는 그 위기에 매우 당황한 것처럼 보였다고 말했다. 이 자리에서 사제들은 여러 좋은 대응 방안을 논의했다. 그리고 주변에서 일어나고 있는 사건들에 대한 정보를 교환할 수 있는 네트워크를 구성하기로 결정했다. 마침내 회의를 마치며 로메로는 말했다.

"긴급 상황에 대비하여 대교구의 문은 밤낮으로 열려 있을 것입니다."

일주일쯤 지난 뒤에, 로메로는 교구 사제들과 수녀들을 만난 자리에서 엘살바도르 국민이 아니기 때문에 가장 위험한 처지에 놓인 선교 사제들의 상황에 대해 논의했다. 로메로는 숲에서 숨어 지내는 사제들을 위로하며 본당 사목구로 돌아가라고 권유했다. 그는 정부가 농촌의 혼란스러운 상황을 종식시킬 것이라고 확신했다. 로메로는 예수회원들에게 사목 활동을 계속하라고 설득하며 이렇게 장담했다.

"여러분은 예수회원이기 때문에, 여러분에게는 아무 일도 일어나지 않을 것입니다."

그 가운데에는 그란데도 있었다. 로메로는 자리를 나서는 그란데를 옆으로 데리고 가서, 조만간 다시 만나 아길라레스에서 겪은 모든 일, 곧 기초 공동체와 농민들의 요구 사항에 대해서 이야기하자고 제안했다. 아길라레스에서는 농민들이 자신들의 노동력을 값싸게 이용하려는 농장주들에게 맞서 들고일어났다. 그들은 더 나은 임금을 요구하면서 농지 개혁을 통해 자신들의 땅을 찾고, 스스로 농업 집단을 조직하려고 시도했다. 땅이 없어 등골이 빠지도록 일해야 하는 농장 노동자들은 이러한 방안들을 통해 빈곤에서 해방되려고 했다. 그러나 농장주들은 사제로 위장한 공산주의자들이 농민들에게 악영향을 끼친다고 생각했다. 농민들은 농장주들에게 실질적인 위협이 되었다. 로메로는 일부 급진적인 단체들과 일부 사제들이 폭력의 가능성에 대해 이야기하는 것을 걱정했다.

산티아고 데 마리아 교구의 원로 사제들은 교구를 떠나기 전, 아길라레스가 공산주의 선동자들의 소굴이 되었다고 로메로에게 진지하게 주언했다. 그러면서 선동자들을 깨끗이 소탕하는 것이 주교의 의무라고 강조했다. 이로 인해 로메로는 아길라레스에서 사목에 전념하고 있는 오랜 친구 그란데를 만나는 일이 걱정스러워졌다.

그란데는 아길라레스의 상황을 이야기하기 위해 로메로와 만날 약속을 잡았다. 그러나 그 만남은 이루어지지 않았다.[72]

그란데와 로메로를 이해하기 위해서는 두 사람의 관계를 먼저 알아야 한다. 두 사람에게는 쉽게 다가가기 어려운 무엇인가가 있었지만, 그들은 친구가 되었다. 그란데가 암살되기

10년 전인 1967년, 엘살바도르 주교회의 사무총장으로 임명된 로메로가 산살바도르로 오면서 두 사람은 처음 만났다. 두 사람 모두 내성적이었다. 그 당시 로메로는 그란데가 학장으로 있던 교구 신학교에서 지냈다. 그는 엘살바도르 농촌의 기초 공동체에서 혁명의 지도자로 부상할 수 있도록 예수회 훈련을 받은 전위 사제들 가운데에서 위화감을 느꼈다. 로메로가 젊은 사제들과 신학생들 사이에서 사는 것을 불편하게 느끼는 모습이 목격되기도 했다. 신학교에서 사람들의 눈을 피해 '벽에 붙어 다니는' 그를 '그림자'로 비유한 사람들도 있었다. 로메로는 신학생들이나 예수회 교수들과 어떠한 교류도 하지 않았다.[73] 사실 그는 일부러 그들과 교류하지 않으려고 애쓴 것처럼 보였다. 한 예수회원은 다음과 같이 기억한다.

"그는 항상 다른 시간에 식당으로 내려왔습니다. 우리와 마주칠 일은 없었죠. 확실히 그는 우리를 피했습니다. 편견을 갖고 신학교로 온 게 분명해 보였습니다."[74]

그러나 로메로는 그란데와 관계를 맺을 수 있었다. 그란데는 로메로의 진실성과 영적인 깊이를 인정했기 때문에, 그들은 서로 다른 사목 정책과 엘살바도르 정치에 대한 견해 차이가 있음에도 친구가 될 수 있었다. 천성적으로 말수가 적었지만, 두 사람은 예수회 영성의 토대를 공유하고 있었다. 안타깝게도 두 사람 모두 맡은 책임 때문에 심리적인 문제와 불안을 겪었다. 그들은 여러 가지 직무를 맡고 있었고, 너무 많은 짐을 졌다. 또한 함께 일하는 꼼꼼하지 못한 성직자들의 임무까지 수행하면서 우울증을 겪기도 했다. 특히 완벽함과 정확성을 추구하는 로메로의 고집은 거의 강박증에 가까웠다. (그러한 정신 상태 때문에 그는 중상모략을 받고 어려움에 빠지기도 했다.)

완벽주의적 성향과 일중독에 빠진 로메로는 자주 탈진 상태가 되었다. 젊은 시절에 그는 산미겔 본당 사목구의 주임 사제를 지내면서, 언제나 몸이 견딜 수 있는 것보다 더 많은 일을 하려고 했다. 한 본당 신자는 로메로가 온종일 신자들의 묵주 기도를 인도하고, 고해성사를 주면서 쉬지 않고 일했다고 회상했다. 어느 날 밤, 그에게 한 여인이 찾아와 고해성사를 보고 나서, 무슨 보속을 해야 하느냐고 물었다.

"5페소를 달라고 기도해야 합니다."

지칠 대로 지친 로메로가 중얼거렸다.

"그러고는 잠들어 버렸어요! 그는 원래 그랬어요. 온 힘을

다 소진할 때까지 쉬지 않고 일했답니다."[75]

그란데의 심리적 문제는 더욱 심각했다. 신학교를 마치자 그는 신학 공부를 계속하라는 예수회의 뜻에 따라 에스파냐로 가야 했다. 그곳에서 그는 심각한 신경 쇠약에 걸렸다. 그는 예수회가 지나치게 많이 요구하는 데에 지쳤고, 자신이 그 일들을 성공할 수 있는지 회의가 들었다. 마음을 가다듬고 정신을 차리기 위해 노력했지만, 평생 가벼운 우울증을 겪었다. 사실 그는 예수회원으로서는 성공했다. 산살바도르 교구 신학교의 교수와 학장을 지냈으며, 예수회의 사목 활성화를 이끈 지도자로서 두 세대 동안 사제를 양성했다.[76]

분명히 두 사람이 나눈 우정은 복잡했다. 로메로는 몇 차례나 예수회를 반대했었다. 또 몇몇 주교들과 함께 예수회원들이 '정치적'으로 오염됐다고 규탄하기도 했다. 1970년 관구장 대주교좌성당에서 거행된 구세주 하느님 주보 대축일 미사 강론에서 그란데는 엘살바도르의 사회 질서를 강력하게 비판했다. 그때 로메로는 고위 성직자들과 함께 그란데 신부가 전국 신학교 학장으로 임명되는 것을 반대했다. (로메로는 1976년에 똑같은 주보 대축일 미사 강론을 했다. 그는 산티아고 데 마리아의 주교로서 자신이 목격한 명백한 사회 불의에 직접 경고를 했다. 짐작건대 예수회원들의 주도로 이루어지고 있는 '이성주의적이고 혁명적이며, 증오로 가득 찬 그리스도론'의 영향을 비난하는 기회로 삼았을 것이다.)[77]

그러나 1970년 주교로 임명된 로메로는 기꺼운 마음으로 그란데를 서품식 예절장으로 받아들였다. 해방 신학의 새로운 개념이 엘살바도르에 무엇을 의미하든 머지않아 그란데는 새로운 교회 지도자의 전형이 될 인물이었다. 로메로는 알아차리지 못했겠지만, 그란데를 예절장으로 받아들인 것은 그란데에 대한 자신의 애정과 존경을 서슴없이 드러낸 결정이었다. 부수적인 성향과 신중한 성격인 로메로의 예기치 못한 방식이었다. 그란데와 우정을 나누면서도, 그는 아길라레스에서 이루어지는 예수회 활동과 그에 대한 엘살바도르 특권층의 인식을 걱정했다.

그란데는 대교구의 젊은이들과 활동 사제들을 로메로와 이어 주는 다리 역할을 했다. 로메로는 그들을 이해하려고 노력했고, 그란데는 그리스도와 해방에 대해 최근에 나온 새롭고 급진적인 해석을 로메로에게 전해 주었다. 그란데가 죽었을 때, 로메로는 그란데가 부르던 곳으로, 바로 그 심연 속으로 빠져들었을 것이다.

그란데는 광야에서 외치는 로메로의 목소리였다. 그는 교회의 새로운 경향에 대한 진보적인 연구를 통해 신학적으로만이 아니라 사목적으로 그 길을 준비했다. 그란데는 그리스도교 기초 공동체의 개념에 심취해 있었다. 그리고 이 사목 방식의 선구자로서 엘살바도르에서 젊은 사목자들의 스승이 되었다. 폭력 사태가 일어나고 충격적인 결말이 날 때까지 로메로는 그의 직무를 완전히 이해하지 못했다. 그러나 일이 벌어졌을 때, 로메로는 무거운 책임을 느끼면서도 즉각적으로 그의 직무를 자신의 것으로 받아들였다.

놀랍게도, 이 새로운 책임은 그를 해방시켰고, 순식간에 산살바도르의 목자로 변모시켰다. 사실 그란데가 살해된 날 밤 미사에 모인 수많은 사람은 로메로를 통해 그란데의 이야기를 듣는다고 생각했다. 로메로는 해방되어 마침내 메데인 문헌의 지혜를 완전히 받아들였다. 그리고 이제 그가 엘살바도르의 민중에게, 억압받는 사람들과 억압하는 사람들에게 그 해방을 줄 수 있었다. 그는 단순히 정치적·사회적으로 변화한 것이 아니라 회개와 참회를 통해 해방되었다.

그란데가 암살되기 전 몇 주 동안, 엘살바도르에서는 단순히 사목 임무를 수행하려는 사제들에게도 긴장과 위협이 증가됐다. 외국인 사제 몇 명이 이미 잔인하게 폭행당한 뒤 추방됐다. 예수회원들은 늘 위협과 협박을 받았다. "애국자가 되어라. 사제를 죽여라."라는 위협적인 구호가 적힌 전단지가 나돌고 골목의 벽마다 붙어 있었다. 그러나 그란데가 살해되기 전까지, 어떤 사제가 엘살바도르의 가난한 사람들을 위한 사목 활동이 자신들의 목숨을 위협하는 일이 될 것이라고 예상했겠는가? 아마도 그들은 공개적으로 굴욕과 폭행을 당하거나 추방되는 것이 최악의 상황이라고 예상했을 것이다. 엘살바도르와 같은 가톨릭 국가에서 사제 한 명이 살해되는 일은 작은 사건이 아니다. 그러나 여러 해 동안 엘살바도르 사회의 일부 계층은 교회와 지역 차원에서 변화를 이끄는 수많은 본당 사제에게 분노하고 있었다. 반면에 엘살바도르 사람들의 마음속에는 교회보다 더 깊이 새겨진 대학살의 어두운 망령이 어른거렸다. 농민들의 공포와 두려움이 커져 가면서 그들 가운데 일부는 행동할 준비를 하고 있었다.

    그란데는 오랫동안 농장주들의 눈엣가시였다. 그는 1972년 그리스도교 기초 공동체의 개념을 아길라레스에 도입해 원주민과 메스티소 농민들을 열광하게 했다. 그들을 그저 가난하다고 묘사하는 것만으로는 부족하다. 그들은 땅이 없거나 있다고 해도 가파른 산비탈이나 높은 곳에 있는 바위투성이인 황무지만 쓸 수 있었다. 그란데와 동료 사제들은 그들의 생활형편을 묻고 공감하면서 사람들에게 기운을 북돋아 주었다. 그들에게 성경을 가져다주고, 읽는 법을 가르쳤다. 그러면서 그들이 지상에서 극도의 빈곤에 시달리며 희망도 없이 살아가는 것이 하늘에 계신 아버지, 그들을 사랑하시는 아버지의 거룩한 뜻이라고 믿는지 물었다.

"하느님께서는 당신 자녀들이 이렇게 살기를 바라실까요?"

농민들은 자신들의 고통은 하느님의 뜻이 아니라고 받아들였다. 이제 그들은 하느님의 백성으로서 타고난 존엄성을 지니고, 하느님의 도우심으로 자신들이 이 땅에서 정의와 평화의 나라를, 곧 하느님의 나라를 세우기 위하여 무슨 일을 해야 하는지를 이해하기 시작했다. 그들은 농민 위원회를 구성하고 농장주들에게 토지 개혁과 처우 개선을 요구했다.

이것은 지주 계층에게는 위협이고, '폭력'이었다. 지주 계층은 격렬하게 분노했고, 국가 방위군을 통하여 폭력을 행사했다. 그들은 예수회원들과 제3세계의 외국인 사제들이 '공산주의'를 전파한다고 여겼다. 그러나 그 사제들은 엘살바도르의 선량한 농민들이 문맹에서 벗어나도록 성경 읽기와 공부를 가르쳤고, 건강과 영양 개선을 위해 보건 교육을 실시했다. 그들은 농민들이 신앙을 더 깊이 이해하도록 사랑으로 사목 지도를 했을 뿐이었다. 사제들은 인간의 고귀한 생명, 하느님께서 주신 인간 존엄, 현세 생활의 정의에 대한 개념을 가르치며, 끈질긴 투쟁에 대한 물질적 보상이 아니라 하느님을 도와 정의와 자비의 공동체를 함께 창조하도록 가르쳤다.

그란데는 이러한 범죄 혐의 때문에 죽어야만 했다.

토지 개혁에 대한 희망이 점점 더 희박해지자, 그란데는 지역 특권층에 대한 비판의 강도를 높이고, 경제적·정치적으로 보호받지 못하는 마을의 최하층 농민들의 상황을 개탄했다. 그는 경고를 받았지만, 아랑곳하지 않고 계속해서 자신의 주장을 펼쳐 나갔다.

살해되기 몇 주 전 그란데는 강론에서 최근에 콜롬비아 사제 마리오 베르날이 추방된 일에 대해 냉소적으로 비판했다.

"머지않아 성경과 복음 말씀은 이 나라의 국경을 넘지 못할 것입니다. 성경의 모든 구절은 체제 전복에 관한 내용이기 때문에 성경은 읽을 수도 없게 될 것입니다.

나자렛 사람 예수님께서 갈릴래아에서 유다로 가셨듯이, 이 땅에 다시 오셔서 찰라테낭고에서 산살바도르로 가려고 하신다면, 저는 감히 말씀드립니다. 예수님은 (베르날 신부가 납치당했던) 아포파에 도착하지도 못하시고, 설교도 그 어떠한 행동도 보여 주지 못하실 겁니다. 그들은 과사파에서 예수님을 잡아 감옥에 가둘 테니까요. 그들은 또한 그분이 소수를 위해 민주주의를 반대하고, 괴상하고 이국적인 사상으로 사람들을 혼란스럽게 선동하며, 유다의 외국인이라는 그분을 이유로 기소할 것입니다. 하느님에 반대하는 생각들은 카인의 자손과 같습니다. 의심할 여지도 없이 그들은 예수님을 또다시 십자가에 못 박을 것입니다."

살해 위협의 강도가 더욱 심해지자 그란데는 〈뉴욕타임스〉 기자에게 말했다.

"수단이 우리를 지켜 주기를 바랍니다. 그들은 사제를 죽인적이 없었습니다."[78]

그러나 변화를 호소하던 사람들의 목소리가 사라지고, 수많은 사람이 어떠한 조사나 처벌도 받지 않고 살해됐다. 산살바도르 외곽의 막다른 골목과 쓰레기 처리장에는 시체들이 쌓여 갔다. 살인을 행동으로 옮겨도 위험하지 않다는 확신이 늘어나게 되자 심지어 사제에 대한 공격도 괜찮다고 보았다. 이러한 일들은 엘살바도르 역사에서 주기적으로 반복됐다. 세대가 지나도 농부들은 끊임없이 공포를 느끼며 살았다. 이제 그날 밤의 공모자들은 결론을 내린 것으로 보인다. '가난한 사람들을 위해 자신의 모든 것을 내던져야 하는 사제들은 왜 그들과 운명을 함께하지 않는가?'

로메로의 대주교 착좌식이 있고 나서 3주 뒤인 3월 12일, 그란데는 고향인 엘파이스날로 이동했다. 그는 성 요셉 대축일을 준비하는 9일 기도 둘째 날에 마을 사람들과 함께하기 위해 고향으로 가는 중이었다. 그러나 그는 결코 살아서 고향으로 갈 수 없었다.

피범벅인 아이 세 명이 마르셀리노 페레스에게 달려왔다.

"그들이 그란데 신부님을 죽였어요. 신부님이 쓰러지셨어요. 아무 말씀도 안 하세요."

얼마 지나지 않아 페레스는 이 모든 것이 사실임을 알았다.

예수회원이자 엘파이스날에서 그란데를 돕고 있는 페레스를 대신해서, 농부 마누엘과 가끔씩 성당 종지기를 하는 열다섯 살 남자아이 넬슨이 그란데와 함께 지프차에 타고 있었다. 그들이 마을로 오는 길에 뒷자리에 타고 있던 세 아이들을 내려 주려고 잠시 차를 세웠을 때 일이 벌어졌다.

그란데는 가까이에서 총격을 당했다. 마누엘은 자신의 몸으로 그란데를 감싸 보호하고 있었다. 그의 팔은 총격으로 만신창이가 되었다. 가엾은 넬슨은 이마에 총격을 받고 죽었다. 암살자들은 울부짖는 세 아이들이 차에서 도망치는 것만은 허락했다.

그란데가 살해되던 날 오후, 로메로는 3월 13일 교구 전체의 모든 미사 때 발표하기 위해 리베라 주교가 작성한 성명서를 검토하고 있었다. 엘살바도르 주교들은 리베르타드 광장에서 있었던 저항에 대해 정부가 폭력적으로 대응한 일을 비판했다. 로메로가 살아 있는 동안 더 이상 볼 수 없었던 일치된 모습이었다. 그러나 로메로는 각 성당에서 발표될 이 성명서에 쓰인 내용을 걱정했다. 성명서의 내용이 한쪽으로 치우쳤고, 도를 넘었다고 생각했다. 또한 성명서가 발표되면 혼란만 가중시키게 될 것이 분명하기에 백해무익하다고 여겼다.[79]

그 당시 로메로는 소심하고 묵인하며 침묵하는 교회의 시대가 이미 지나갔다는 것을 알아차리지 못했다. 그때 전화벨이 울렸다. 물러나는 몰리나 대통령이 건 전화였다. 그는 엘 파이스날에서 발생한 소식을 전하며, 정부는 이 살인 사건과 무관하다고 주장했다. 그리고 철저히 사건을 조사하겠다고 다짐했다.

그란데의 죽음은 로메로에게 어떤 의미였을까? 오랫동안 로메로를 따분하고 지루하다고 여긴 사람들은, 이 위태로운 시기에 보수적인 사람이 엘살바도르 교회의 목자로 임명됐다고 생각했다. 그러나 예수회 사제인 그란데의 죽음은 로메로가 갑작스럽게 변화하게 되는 신호탄이 되었다. 예전의 로메로는 사라지고, 인정 많고 감정이 풍부하며 용기 있는 새로운 로메로가 등장했다. 예수회 신부 혼 소브리노는 엘살바도르 교회의 사람들이 로메로의 이 회개를 두고 '루틸리오의 기적'[80]으로 묘사했다고 말했다. 그란데의 희생으로, 로메로는 엘살바도르의 가난한 사람들과 함께, 가난한 사람들을 위하여 살게 되었다.

소브리노는 다음과 같이 설명했다. 목숨을 잃은 친구와 그와 함께 있다가 살해당한 무고한 두 시신 앞에서 묵상하고 있던 로메로의 눈에서 비늘이 떨어졌다. 그동안 소심했던 로메로는, 이제 그란데가 보여 주고자 했던 방식과 메시지를 통해 분명히 그리스도를 알아볼 수 있게 되었다. 예수님께서 다른 사람들을 위해 자신의 삶을 포기하셨듯이, 그란데 역시 그렇게 했다. 로메로도 그렇게 할 준비가 되었는가?

그날 밤 로메로는 아길라레스 사람들에 대해 생각했다. 고성능 소총으로 살해된 그란데와 노인, 소년의 시신을 생각하며, 로메로는 본능적으로 제2차 바티칸 공의회와 메데인 총회의 새로운 가르침을 이해하게 되었다. 가난한 사람들을 위한 최우선의 선택을 하고 하느님 백성의 고통과 슬픔을 함께하는 것은, 그란데가 그랬던 대로, 자신의 정체성과 순종을 드러내는 궁극적인 표현이며 이 지상의 삶을 봉헌하는 것임을 깨달았다. 소브리노는 이렇게 기억했다.

"하느님의 뜻이 로메로 대주교에게는 매우 다르게 다가왔던 것 같습니다. 그날 밤 농민 수백 명이 시신 세 구 앞에 서 있는 그를 봤습니다. 그들은 과연 그가 그 일에 대하여 무슨 말을 할지 궁금했습니다."[81]

사제가 살해된 사건은 매우 충격적인 일이었다. 친구의 충격적인 죽음이라는 시련을 겪으면서도 로메로는 평정심과 품위를 유지하며, 아길라레스 사람들과 함께했다. 농민들과 예수회원들과 함께 그는 그란데와 두 사람을 위한 미사를 공동집전했다. 그날 밤 로메로는 주교로서 해야 할 일을 시작했다. 추모하기 위해 모인 사제들과 신자들에게 도움과 인도를 요청했다. 한 사람으로서 그리고 대주교로서 그는 대혼란 속으로 걸어 들어갔다.

"교회는 무엇을 해야 하는가? 교회는 어떻게 대응해야 하는가?"

소브리노는 이러한 대주교의 물음에 큰 충격을 받았다고 기억한다.

"하늘이 자신에게 지워 준 짐을 견딜 수 있도록 도와달라고 간청하는 이 가엾은 주교를 사랑하지 않을 수 없었습니다."[82]

산살바도르로 돌아오기 전, 로메로는 엘파이스날에서 예

제5장 민중의 목자 155

수회 관구장과 다른 사제들과 협의한 뒤, 살해당한 세 사람의 장례 미사를 관구장 대주교좌성당에서 거행하기로 결정했다. 이틀 뒤 산살바도르에서 거행된 미사에서 로메로는 인생의 '절정의 순간에' 그와 가까이 지냈던 친구의 죽음을 애도했다. 이상하게도 위기에 놓인 엘살바도르 교회를 위해 도움을 청하던 그의 모습은 찾아볼 수 없었다. 그는 수많은 사람과 공동 집전자들, 성당 안팎에 모인 군중, 그리고 라디오를 통해 듣고 있는 엘살바도르의 전 국민에게 '여전히 나그넷길을 걷고 있는 우리는 모두' 루틸리오 그란데의 죽음에서 받은 메시지에 뜻을 모아야 한다고 호소했다.[83]

그란데의 장례식 이후 대교구의 성직자들과 엘살바도르 주교회의는 그란데가 살해된 사건에 어떻게 항의해야 할지 결정하기 위한 회의를 열었다. 그들은 다음 주일에 대교구 전체에 단 한 대의 단일한 미사를 거행하자는 주제로 격렬하게 논쟁했다. 여덟 시간 동안 이어진 논쟁을 주의 깊고 참을성 있게 듣고 있던 로메로의 모습은 권위주의적인 성향을 보였던 과거와는 완전히 달랐다. 과묵하게 결정을 내렸던 모습을 기대했던 사람들에게는 충격이었다.

그러나 '회개'와 마찬가지로, 갑작스럽게 태도가 바뀐 것은 그가 일찍이 시작했던 영신 수련과 정신 분석 탐구 때문일 것이다. 산티아고 데 마리아에서 그는 집을 잃은 마을의 노동자들을 위해 교구청 건물을 쉼터로 개방했다. 그들이 쉬러 들어가기 전까지 함께 걸으며, 그들이 겪고 있는 어려움에 대한 이야기를 듣고, 절망하는 그들을 위로했다. 그러면서 로메로는 듣는 법을 배웠다.

산티아고 데 마리아에서 엘살바도르의 정치적·경제적 상황을 배운 로메로는 과거에 자신이 내렸던 판단들에 의문을 품었다. 그러면서 진심을 다해 사제들과 신자들의 이야기를 듣고 그들의 지혜를 들으며 그들을 존경했다. 몇 시간에 걸친 논쟁 끝에 교구 전체에서는 관구장 대주교좌성당에서 단일한 미사를 거행하기로 결정했다. 그것은 분명히 현재의 표적들 가운데 있는 교회가 엘살바도르의 억압받는 사람들과 결합해 일치된 정치적 견해를 보여 주려는 것이었다. 이것은 투쟁의 표시였다. 얼마 지나지 않아 교회 안팎에서 반대의 목소리가 나왔다. 기업가들은 로메로에게 그 생각을 철회할 것을 요구했다. 특히 교황 대사 제라다는 이와 같은 결정을 탐탁지 않게 여겼다. '도발적이고 위험하며' 교회법에도 어긋난다고 생각했다. 제라다는 계속해서 로메로를 설득했지만, 그는 결정을 철회하지 않았다.

다음 주일 '단일한' 미사가 거행되는 동안 주교좌성당과 광장으로 10만 명이 넘는 사람들이 몰려들었다. 그때 엘살바도르에서 가장 큰 집회가 처음으로 열린 것이다.[84] 대교구의 모든 사제는 교황 대사 제라다와 미사를 공동 집전했다. 몇몇 사제들은 그때까지도 가난한 사람들을 위한 자신들의 활동을 로메로가 방해할 것이라고 의심했지만, 그날 로메로의 강론을 듣고 지금까지의 걱정과 근심을 모두 날려 버렸다.

대주교가 된 이후 로메로는, 농촌에서 지주들에게 대항하기 위해 한 손에는 총을, 한 손에는 성경을 들고 있는 '공산주의 사제들'에 관한 소문을 많이 들었다. 불과 몇 달 전만 해도 로메로 자신도 그들에 대해서 그렇게 이야기하지 않았던가? 관구장 대주교좌성당 제대에서 친구의 죽음을 애도하며, 그는 강론에서 이러한 소문을 직접적으로 언급했다.

"그 누구도 교회가 사람들에게 교회에 희망을 두라고 이야기하는 것을 방해하지 못하게 합시다. 그 누구도 우리의 언어를 악용하지 못하게 합시다. 대교구 앞에서, 이 단일한 미사에 우리를 함께 모이게 한 일치의 빛 안에서, 그 누구도 그리스도의 가르침이 아닌 다른 교리를 복음으로 정당화시키지 못하게 합시다. 저는 사랑하는 모든 사제에게 공적으로 감사를 드립니다. 그런데 신부님이 가장 위대한 희생 제사를 봉헌하셨듯이, 많은 사제가 목숨을 걸고 이 자리에 모였습니다."

사람들의 박수갈채에 로메로는 잠시 멈췄다. 그리고 그 박수가 멈추자 이렇게 말했다.

"여러분의 박수는 제가 이 대주교 자리를 맡을 때 마음 깊이 느낀 기쁨을 인정해 주시는 것입니다. 저는 나약하고 무능하지만, 이 일치된 사제들에게서 협력과 힘과 용기를 찾았습니다. 사랑하는 사제 여러분, 복음의 참된 진리 안에서 일치해 주십시오. 또 한 가지, 이 대교구에서 저는 그리스도의 비천한 후계자이며 대리자로서 여러분에게 말씀드립니다. 저의 사제 한 사람을 공격하는 것은 바로 저를 공격하는 것입니다."

로메로는 강론에서 바오로 6세의 교황 권고 〈현대의 복음 선교〉를 인용했다. 이 교황 권고는 교회의 동행과 지원이 필요한 이른바 개발 도상국들에서 인간 존엄을 위해 분투하는 모든 사람에게 보낸 것으로 로메로가 새롭게 받아들인 메시지였다. 그란데는 이미 오래전부터 이 메시지를 마음속에 품고 있었다. 로메로는 강론에 몰입하는 청중에게 인간의 존엄을 지키고 드높이는 교회의 메시지는 '나약함이나 혁명, 죽음, 폭력'이 없는 신앙의 메시지라고 말했다. 그리고 그는 믿음을 가지고 사람들에게 자신 있게 말했다. 그란데가 선포한 해방, 그가 구현하려고 했던 해방은 진정한 해방이었다고 말이다.

"살인을 자행하는 지경에 이르기까지, 그 해방은 자주 오해를 받고 있기 때문에, 루틸리오 그란데 신부님이 돌아가셨습니다."

로메로는 아무런 주목도 받지 못하고 사라진 수많은 농민과 그런데 신부의 죽음이 결합되어 있는 것이라고 말했다.

그 단일한 미사는 수많은 사람의 환호로 끝났다. 교구 사제인 이노센시오 알라스는 이렇게 회상했다.

"그는 더욱 강인한 사람이 되었습니다. 그때 그는 문턱을 넘어섰습니다. 그는 문밖으로 나갔습니다. 당신도 아는 대로, 물로 받는 수세, 피로 받는 혈세가 있습니다. 그러나 민중에게 받는 세례도 있습니다."[85]

로메로는 평생 누군가에게 차 심부름을 시키거나 개인적으로 기부금을 받지 않았다. 산살바도르 대주교로서 주어지는 저택도 거절했다. 멋진 차량과 기사도 거절했다. 그는 비천한 사람들과 함께 살던 어린 시절로 돌아갔다.

그란데를 죽게 한 사람들은 그 죽음으로 그란데와 동료 사제들을 움직이는 사회적 역동성을 어느 정도 멈추게 할 수 있을 것이라고 믿었다. 하지만 그 죽음이 한 사제의 영을 일깨워 그들의 가장 큰 '적'이 되고 목소리 없는 사람들을 가장 웅변하는 '목소리'가 되었다는 것은 안타까우면서도 모순이 아닐 수 없다.

   루틸리오 그란데는 엘살바도르의 갈등이 끓어오를 때 살해된 최초의 사제였다. 그러나 그것은 시작일 뿐이었다.

제6장

민중의 목소리로 부르짖다

대주교로서 로메로는 교회 안에서 일치를 이루고 엘살바도르 사회를 회복시키기 위해 필사적으로 노력했다. 특히 라틴 아메리카의 억압받는 사람들의 정신적·물질적 해방을 위해 교회가 힘을 쏟겠다고 약속했다. 그러면서 그는 신변의 위협을 느꼈다. 위협적인 말을 들을 뿐만 아니라 물리적인 공격을 당하기도 했다. 그의 사제들은 잔인하게 폭행당하고 살해됐다. 그의 백성들은 고조되는 폭력에 희생되거나 혁명 세력을 받아들일 수밖에 없었다. 로메로는 메데인 총회에서 라틴 아메리카 주교들이 엘살바도르를 가리켜 역사적인 억압 세력의 가련한 전형이라고 한 말을 이해하게 되었다. 또한 엘살바도르의 '진정한 소명'은 '구원의 땅'이 되는 것으로, 곧 압제의 늪에서 빠져나와 연대와 평화의 길로 나아가는 모범이 되는 것임을 깨닫게 되었다.

산살바도르에서 거행된 단일한 미사는 앞으로 로메로가 대주교로서 그의 짧고 비극적인 재임 기간에 확고하게 보여 줄 담대한 행동의 시작이었다. 그러나 이러한 행동들에는 우려가 뒤따랐다. 특히 단일한 미사 이후에 교회의 고위 성직자들과 엘살바도르 사회의 많은 사람은 새 대주교가 인간관계를 끊임없이 어지럽히는 선동가라고 인식했다. 로메로는 그를 꾸짖는 교황 대사에게 자신의 결정을 설명해야만 했다. 교황 대사는 찌푸린 얼굴로 아무것도 이해하지 못하는 첫 번째 교황청 관료였다.

그 주간에 로메로는 사제들과 마라톤 협의를 한 끝에, 대교구의 모든 가톨릭 학교에 3일간의 휴교 명령을 내렸다. 그리고 학생들에게 그란데 신부의 살해 사건과 엘살바도르 사회의 위기 상황을 성찰하도록 했다. 부유층 학생들의 부모들은 불만을 제기했다. 그들은 대교구에서 '공산주의' 이념을 가르치지는 않을지 걱정하며 끊임없이 나다니는 아이들을 직접 진정시켰다.

또한 로메로는 엘살바도르의 박해받는 교회의 대표자로서, 정부가 농촌에 가하는 탄압을 중단하고 그란데 암살 사건의 진상을 제대로 규명하지 않으면, 정부가 주최하는 어떠한 공식 행사에도 참석하지도 않고 관례적인 축복도 하지 않겠다는 성명을 발표했다. 하지만 그란데 암살 사건의 진상은 규명되지 않았다. 로메로는 자신이 한 말을 지켰다. 그는 다가오는 대통령 취임식에 참석하지 않겠다는 의미로 이러한 말을 한 것이다. 이러한 성명을 발표한 것에 반감을 품은 엘살바도르의 동료 주교들은 로메로에게 압박을 가하기도 했다. 세심한 로메로는 엘살바도르의 정치 지도자들이나 군부 지도자들과 교류하는 모습이 사진으로 찍힐 수 있는 행사에 가지 않았다. 이듬해 요한 바오로 1세 교황 즉위 축하식에 교황 대사 제라다의 초대를 받았지만, 그는 참석하지 않았다.[86] 반감을 품고 있던 제라다는 로메로의 행동을 이해할 수 없었다. 교회의 사상자가 더 늘어날 때에도, 제라다는 엘살바도르의 특권층과 함께 사진 찍히는 일에 전혀 신경을 쓰지 않았던 것이다.

단일한 미사 때 로메로가 했던 강론은 라디오로도 방송이 되었다. 새로운 대주교가 강력하게 미디어 사목을 시작한 것이다. 그 이후로 로메로는 사목 활동에서 라디오를 자주 활용했다.

아침 8시 관구장 대주교좌성당에서 미사가 시작되면 거리는 텅텅 비었다. 산살바도르는 물론이고 전국에서 라디오를 통해 로메로의 미사 강론을 귀 기울여 들었다. 농민들은 트랜지스터라디오 주변에 모여들었고, 부유한 사람들은 거실의 스테레오라디오 앞에 모여들었다. 군인들과 도시의 혁명 조직, 엘살바도르 밀림의 농민군 가운데서도 충성스러운 청취자들이 있었다.

로메로의 강론은 엘살바도르 사람들이 가장 열심히 듣는 라디오 프로그램이 되었으며, 그들에게 영혼의 양식이 되었다. 로메로는 주일마다 강론 중에 '한 주의 사건hechos de la semana'을 읽어 주었다. 이것은 엘살바도르 사람들에게 들을 수 있는 주간지였다. 정부와 부유층이 신문에서부터 텔레비전, 라디오 방송망에 이르기까지 국가의 모든 대중 매체를 통제하고 있었기 때문에, 대교구의 방송만이 진짜 뉴스이자 특히 실종자들의 증가 추이를 알 수 있는 유일하고도 믿을 수 있는 출처였다. 그 당시 청취율 조사에 따르면, 농촌 인구의 73퍼센트, 도시 인구의 47퍼센트가 로메로의 강론을 들으려고 주교좌성당의 미사 중계방송을 청취했다. 그로 인해 라디오 방송국은 송수신을 방해하려는 엘살바도르 군대의 표적이 되었다. 폭파 사고가 두 번이나 일어나 교구 방송국 건물이 무너지기도 했다.

두 번째 폭파 사건 이후에도 방송을 하는 로메로에게 산살바도르 민중은 큰 애정을 가지고 있었다. 어느 날 도로의 신호등 앞에서 멈춰 있던 한 택시 기사가 옆 차에 로메로가 앉아 있는 모습을 보았다. 그는 주머니에서 2달러를 꺼내 로메로에게 건네며 이렇게 말했다고 한다.

"주교님, 라디오 방송을 위해 쓰세요!"[87]

한편, 교구 신문 〈오리엔타시온〉은 전국을 옥죄고 있는 억압에 대한 소식을 적극적으로 알리고, 대안적 견해를 제시하는 매체가 되었다. 그래서 〈오리엔타시온〉을 들고 다니면 위험한 저항 행위를 한다고 여겨져 국가 방위군에게 끌려가 폭행을 당하기도 했다.

로메로가 대주교로서 두 달 동안 했던 활동들을 중상모략

하는 보고서가 로마 교황청에 도착했다. 교황 대사 제라다는 새로운 대주교가 내린 결정들에 대한 경멸을 그 보고서에서 감추지 않았다. 로메로는 한때 친구이자 후원자였던 부유층과 맺은 인간관계도 순식간에 틀어졌다. 정부가 로메로를 의심하는 만큼, 로메로도 악화되는 억압과 관련하여 정부 관리들의 의도나 공모를 똑같이 의심했다.

로메로는 비판적인 이야기가 로마에 전해지는 것을 차단하려고 했다. 그리고 직접 바오로 6세 교황을 만나 자신이 그러한 결정을 내릴 수밖에 없었던 이유를 설명하려고 했다. 로마에서 그는 엘살바도르에서 발생한 사건들과 교회의 대응에 관한 상세한 보고서를 준비했다. 로메로는 교황청 관료들이 닦달할 것을 예상하면서 그란데 암살로 단일한 미사를 결정할 때 교황 대사 제라다의 말을 따르지 않았던 일을 염려했다. 로메로는 폭풍 전야 속에서 마음을 조용히 잠재우기 위해 화해의 길Via Della Conciliazione을 걸었다. 저녁 하늘 멀리, 베드로 대성전의 둥근 지붕이 빛나고 있었다. 대주교를 도와주려고 예수회 엘살바도르 관구장인 세사르 헤레스 신부가 로마에 왔다. 대교구의 다른 사제들과 마찬가지로 그 또한 뜻밖에 그들의 구원자가 된 이 대주교의 변화를 어떻게 이해해야 할지 몰랐다. 밤길을 함께 거닐며 그는 용기를 내어 로메로에게 변화의 이유를 물었다.

"우리는 모두 우리의 뿌리를 가지고 있습니다."

로메로는 헤레스에게 말했다.

"저는 가난한 가정에서 태어났습니다. 배고픔을 겪었죠."

처음에는 전국 신학교에 들어가 공부를 하고, 젊은 시절을 로마에서 보내면서, 그는 여러 해 동안 그러한 삶을 잊고 살았다. 그는 '책에 빠져' 살던 때를 회상하며 이렇게 말했다.

"저는 제 출신을 잊기 시작했습니다 또 다른 세상을 창조하기 시작한 거죠."

로마에서 공부를 마치고 엘살바도르로 돌아와서도 그는 문서 사목 활동에 충실했다.

"산미겔 주교의 비서로 임명받았습니다. 저는 23년 동안 그곳 본당 사목구의 주임 사제로 있었습니다. 그동안 문서 작업에 파묻혀 지냈어요. 다음에는 보좌 주교로 산살바도르에 있었습니다. 그때 저는 오푸스 데이에서 머물렀습니다."

그 뒤 로메로는 마침내 진정한 목자로 임명을 받았다. 그는 말을 이어 갔다.

"저는 산티아고 데 마리아로 왔습니다. 그곳에서 지긋지긋한 가난과 다시 마주치게 되었습니다. 그저 마시는 물 때문에 죽어 가는 아이들, 수확기에 자살하는 농민들……. 신부님도 아실 겁니다. 일단 숯 조각에 불이 붙으면, 그 불이 다시 타오르도록 더 많은 바람을 불어넣지 않아도 됩니다. 제가 대교구로 오고 나서, 우리에게 일어난 모든 일이, 그란데 신부님에게 일어난 일도 그렇고…… 정말 많은 일이 일어났습니다. 제가 그란데 신부님을 얼마나 존경했는지 잘 아실 겁니다. 죽어 있는 루틸리오를 보고, 저는 생각했습니다. '그들이 그가 한 일 때문에 그를 살해했다면, 그와 똑같은 길을 걷는 것이 내가 할 일이라고.' …… 그래요. 맞습니다. 저는 변했습니다. 그러나 다시 집으로 돌아온 것입니다.'"[88]

주교성 장관 세바스티아노 바조 추기경의 질책을 듣고 난 뒤, 로메로는 국무원 장관에게 더욱 심한 충고를 들어야 했다. 교황청의 한 관료는 로메로에게 예수 그리스도께서 공생활에서 보여 주신 그 '신중함'을 기억하라고 말했다.

로메로는 '그렇게 신중하셨는데, 그분은 왜 죽임을 당하셨

는지' 알고 싶었다.[89]

 마침내 그는 수요일 일반 알현을 마친 바오로 6세 교황을 개별적으로 알현할 수 있었다. 로메로는 교황에게 그란데의 사진을 보여 주며, 대교구에서 그가 한 노력과 그가 맞섰던 위험한 상황을 설명하려고 했다.

 로메로는 그날 교황에게서 큰 용기를 얻었다. 교황은 경험이 부족한 주교를 삼켜 버리려는 권력 갈등의 맹렬한 소용돌이를 감지한 것처럼 보였다. 교황은 로메로의 두 손을 붙잡고 이렇게 말했다.

 "용기를 내십시오! 주교님이 책임자입니다!"[90]

 그는 용기가 필요했을 것이다. 로메로는 내부에서 분열된 교회로, 고조되는 폭력과 비난의 악순환에 직면해 있는 나라로 다시 돌아갈 것이다. 그리고 이를 막기 위해 영웅적으로 분투할 것이다.

 로마 여행을 하면서 로메로는 대주교로서 첫 번째 사목 교서를 작성했다. (그는 세 번 더 사목 교서를 발표한다.) '부활의 교회'라는 제목의 사목 교서를 통해, 그는 엘살바도르 교회의 시련과 처참한 상황을 알리려고 시도했다. 이 글은 매우 개인적인 편지를 쓴 것처럼 보인다.[91] 그는 이렇게 썼다.

"그리스도의 교회는 부활의 교회가 되어야 합니다. 주님의 부활로 태어난 교회는 이 세상에서 부활의 표지와 도구가 되어야 합니다. …… 교회는 자신을 위해 존재하지 않습니다. 교회의 존재 이유는 예수님의 존재 이유와 똑같습니다. 바로 하느님을 섬기고 세상을 구원하는 것입니다."

로메로는 부활의 교회라는 정신이 1968년 메데인 총회에서 발표한 문헌에 담겨 있다고 보았다.

"(메데인에서 주교들은) 부활의 성령이 우리 민중과 대화하고 민중을 섬기라고 교회를 재촉한다는 사실을 마음속에 잘 간직하고 있었습니다. 민중은 말했습니다. '우리는 이 대륙의 역사에서 새로운 시대의 문턱에 서 있습니다. 온갖 형태의 예속隸屬에서 벗어나는 해방, 개인의 성숙, 집단의 통합이라는 완전한 해방의 열정으로 가득 찬 시대입니다.' 그들은 선언했습니다. '다른 어디에서도 오지 않는 해방을 자신들의 목자들에게 간청하는, 수천만 민중의 목에서 울리는 이 소리 없는 절규'를 직시할 때에, 교회는 결코 무관심할 수 없습니다."

로메로는 대교구가 이 '파스카의 시간'을 살아가고 있으며, '교회의 위대한 유산인 부활의 영적 풍요'에 다가가려면 오랫동안 참고 견뎌야 꽃을 피울 수 있을 것이라고 말했다.

"저는 메데인에서 주교들이 명시적으로 열망했던 일들이 이미 우리 안에서 이루어지고 있다는 것을 압니다. 주교들은 젊은이들에게 말했습니다. '라틴 아메리카 교회는 점점 더 분명하게 참으로 가난하고 선교하는 교회, 부활의 교회로 드러나야 합니다. 세속의 온갖 권력에서 벗어나, 저마다 모든 사람의 해방에 용기 있게 투신하는 교회가 되어야 합니다.'

사랑하는 형제자매와 친구 여러분, 우리는 십자가의 길을 걸으며 사순 시기를 함께 겪고 성금요일을 지나, 꽃이 만발하는 이 눈부신 아침, 희망에 찬 부활의 순간을 맞이합니다. 우리들은, 곧 주교, 사제, 수도자와 평신도들은 교회가 된다는 것이 무엇을 의미하는지, 그리스도 안에서 인류의 구원을 위해 일하는 모든 힘의 보고寶庫인 교회가 된다는 것이 무엇인지 깨닫고 있으며, 또한 이 어려운 시대의 도전과 위험을 잘 알고 있습니다. 가장 큰 도전은 세상이 교회에 걸고 있는 희망에서 나옵니다. 우리 모두 이 시간에 알맞게 삽시다."[92]

로메로의 '발언'은 단순한 수사修辭가 아니었다. 일상생활에서 그는 가난한 사람들의, 가난한 사람들을 위한 교회가 무엇인지를 몸소 보여 주었다. 로메로는 대주교로서 물리적인 벽을 허물었다. 낡은 지프차에 확성기를 달고 자주 마을 사람들을 만나러 갔다. 본당 신자들, 특히 가장 가난한 농민들을 만나기 위해서라면 하던 일을 모두 멈췄다. 가난한 농민들은 며칠씩 걸어 산살바도르에 와서 로메로에게 자신들의 슬픔과 어려움을 털어놓았다. 그는 교구청에 간이식당을 마련했다. 그곳은 직원들, 회의를 위해 들른 사제들, 교구청을 찾는 누구에게나 편안한 쉼터이자 만남의 장소가 되었다. 로메로는 그곳에서 사제들과 방문객들과 어울렸다.

로메로의 검소한 생활은 지위에서 오는 기대와 유혹으로부터 자신을 해방시키는 또 다른 표현이었다. 주교관을 마다한 로메로는 디비나 프로비덴시아 병원의 경당에서 지내기로 했다. 그곳은 가르멜회 수녀들이 환자들을 돌보는 병원으로, 로메로는 산살바도르에 오면 병원에 들러 수녀들과 함께 식사를 하곤 했다. 그는 그 병원을 마음에 들어 했다.

그는 경당의 제의실에 작은 방을 마련했다. 어느 날 오후 갑자기 들이닥친 교황 대사는 대주교에게 비천한 '거주지'에 머물면서 더 이상 물의를 일으키지 말라고 말했다.[93] 그의 이러한 작은 행동조차도 정치적 파문을 일으켰다. 로메로에 대한 유감의 표시로 산살바도르 부유층은 병원에 내는 기부금을 줄였다. 수녀들은 '불온한' 대주교와 교류한다는 이유로 거리에서 희롱을 당하기도 했다.

로메로는 거리에서 상류층이 부리는 폭력배들에게 "빨갱이!"나 "공산주의자!"라는 소리를 듣기도 했다. 그러한 괴롭힘은 점점 더 심해졌다. 사목 활동을 위해 날마다 대교구 본당 사목구와 마을들을 방문하는 로메로에게 군대 검문소의 군인들은 어떠한 존경도 보이지 않았고, 굴욕감을 주기 위해 온갖 방법을 동원했다. 전단 광고나 신문 칼럼을 통해서도 그에 대한 폭력이 자행됐다. 대주교가 공산주의 혁명 분자들과 야합

하고 심지어는 테러 행위에 연루됐다고 비난했다.

외부의 공격이 심해질수록, 교회 내부는 점점 더 분리되어 갔다. 로메로는 대교구 사제들의 존경과 사랑을 받았다. 사실 그들은 로메로가 대주교로 임명됐을 때 그를 부정적으로 생각했었다. 그러나 로메로의 대주교 임명을 위해 은밀하게 로마에 로비를 했던 형제 주교들은 이제 그를 질책하고 비난했다. 교회는 현장의 사목 일꾼과 사제들, 엘살바도르의 주교들로 나뉘었을 뿐만 아니라 주교들마저도 갈라졌다. 로메로와 리베라, 그리고 주교회의의 나머지 주교들로 나뉜 것이다. 로메로와 리베라는 교회가 민중, 특히 가난한 사람들과 그들을 대표하는 민간단체들과 함께 보조를 맞추는 것 외에는 다른 선택이 없다고 보았다. 그러나 나머지 주교들은 정부를 대표하여 질서와 안정과 권위를 지키고 사회를 유지하려는 자신들의 낡은 역할을 고수했다. 결과적으로, 로메로는 대주교로서 살던 3년 동안, 공적으로든 사적으로든 지극히 사소한 일에서부터 매우 위험한 논쟁에 이르기까지 엘살바도르 주교회의 전체와 끊임없는 불화를 겪었다.

엘살바도르 주교회의의 주교 네 명은 로메로를 깎아내릴

술책만 찾았고, 비밀리에 바티칸으로 공동 성명을 보냈다. 주교회의에서 열리는 회의 때마다 로메로는 극도로 자제하며 형제 주교들의 공격을 침묵으로 견뎌 냈다. 그러한 모임에서 유일하게 믿을 수 있는 친구는, 로메로로 인해 대주교가 되지 못한 리베라 주교뿐이었다. 로메로는 주교들의 분열에 절망하며 가끔씩 눈물을 흘렸다.

대교구 총대리 마르코 레벨로 주교가 노골적으로 자신을 따르지 않자, 로메로는 1978년 11월 그를 총대리직에서 물러나게 했다. 레벨로는 카리타스의 식량 분배 권한을 불법적으로 로메로에게서 빼앗으려고 했다. 로메로는 주교들 가운데 산비센테의 페드로 아르놀도 아파리시오 주교와 가장 많이 부딪혔다. 멕시코 푸에블라에서 열린 라틴 아메리카 주교회의 총회 때 가진 기자 회견에서, 로메로와 아파리시오는 엘살바도르를 두고 각자 다르게 설명했다. 아파리시오가 설명하는 엘살바도르에서 로메로는 마르크스주의자의 졸개였고, 예수회원들은 폭력을 조장했으며, 반동 사제들은 아이들을 혁명 분자로 훈련시킨다고 했다. '실종자들'은 숨어 지내는 교활한 좌파들이거나 게릴라들과 합세하기 위해 벽지로 도망친 사람들이라고 했다.⁹⁴ 아파리시오는 엘살바도르 경제계와 군부의 특권층과 가깝게 지냈는데, 예전의 로메로보다 훨씬 더 심했다. 그는 로메로의 강론이 사회 질서를 전복시키려고 위협하는 지경에 이르렀다고 주장하며 로메로의 가장 극렬한 비판자가 되었다. 그러나 그의 표적은 로메로만이 아니었다. 아파리시오는 국가의 다른 '불순분자들'인 예수회원들과 자신의 교구 사제들까지 표적에 포함시켰다. 또 다른 사제인 알리리오 나폴레온 마시아스가 살해된 뒤 1979년 9월에 한 강론에서 아파리시오는 자신의 교구 사제들을 강력하게 비난했다. 사제들에 대해 그가 단죄했던 말은 다음 날 조간신문에 대대적으로 보도됐다.

로메로는 당신의 상황에 대해 이렇게 적었다.

"그는 자신이 사제들을 보호해 줄 수 없다고 말하며, 스스로 그들을 고발하고 있다. 아예 암살당하라고 자신의 사제들을 내친 것이다. 그는 살해된 사제들이 좌파들에게 숙청당한 것이라고 하면서, 좌파에 투신한 그 사제들은 좌파에 살해당하지 않고서는 돌아올 수 없었다고 말한다."⁹⁵

아파리시오와 주교회의의 다른 주교들은 강론대나 로메로를 혐오하는 지역의 대중 매체를 통해서만 그를 공격한 것이 아니었다. 로마에 빈번하게 보고서를 보내 교황청의 많은 사람과 로메로의 관계에 분열을 일으켰다. 그들이 작성한 보고서는 요한 바오로 2세 교황에게까지 전달됐다. 공산주의 국가인 폴란드에서 사제로 살았던 교황은 사회주의의 기미가 보이는 모든 것에 대하여 뿌리 깊은 의심을 갖고 있었다. 그는 공산주의를 경계하며 산살바도르 대교구의 음모에 관해 무척이나 귀를 기울이고 있었다.

교회 안에서 다른 주교들과 투쟁을 계속하는 동안, 교구청 울타리 밖에서는 사회 특권층에 도전하는 세력을 몰아내자는 선전전이 지속됐고, 끔찍하게도 많은 사상자가 발생했다.

제7장

사랑, 그리스도인의 복수

로메로는 엘살바도르 사회에 점점 늘어나는 폭력 사태와 일상적으로 맞닥뜨렸다. 1977년 7월 강론에서 그는 이렇게 말했다.

"국가와 경제의 운명을 이끄는 사람들 가운데 기도하는 사람들이 있어야 합니다. 인간의 계책에 의지하는 것이 아니라, 하느님과 그분의 계획에 의지해야 합니다. 그래야만 우리는 교회가 꿈꾸는 세상에서 살아갈 수 있습니다. 교회는 불의가 없는 세상, 인간의 권리를 존중하는 세상, 모두 다 적극적으로 참여하는 세상, 억압이 없는 세상, 고문이 없는 세상을 꿈꿉니다."[96]

로메로는 주로 암살단의 공격과 국가 방위군이 주도하는 억압에 대해서 비난했지만, 엘살바도르 혁명 세력들도 그 자체로 폭력 사태를 일으킬 수 있다고 비판했다. 1977년 4월 한 단체가 정부에게 정치범의 석방을 요구하며, 외무 장관 마우리시오 보르고노보를 납치했다. 그는 14대 가문 가운데 한 집안의 사람이었다. 몰리나 정부는 납치범들과의 협상을 완강하게 거부했다. 보르고노보의 가족이 대주교인 로메로에게 중재를 요청하자, 그는 민중 해방군에게 공개적으로 외무 장관의 석방을 호소했다.

1977년 5월 8일 강론에서, 로메로는 산살바도르 대주교로 부름받은 이후 가장 위태로운 줄타기 곡예를 시작했다.

"우리는 이 시대 민중의 고뇌와 희망에 함께합니다. 특별히 가난하고 고통받는 사람들의 고뇌와 희망에 연대합니다. 우리가 이렇게 말할 때에, 우리는 정치를 하는 것이 아닙니다. 공의회는 그렇게 말했습니다. …… 로마에서 공부할 때,

저는 비오 12세 교황님의 다음과 같은 말씀에 깊은 감동을 받았습니다. '인간의 기본권과 영혼의 구원에 필요하다면 언제든지, 교회는 정치 질서에 관한 문제들에 대해서도 도덕적 판단을 내릴 권리가 있습니다. 교회는 정치에 관여하지 않습니다. 그러나 정치가 제대에 손을 댈 때에, 교회는 제대를 보호해야 합니다.'"

로메로는 군중에게 계속해서 말했다.

"한쪽에서는 교회가 마르크스주의자가 되어 반역 행위를 한다고 비난합니다. 또 다른 한쪽에서는 교회를 현실 세계와 분리된 영성으로만 축소시키려고 합니다. 뜬구름 같은 설교나 하고, 세상일에는 아무런 관심도 없이, 시편을 노래하고 기도만 하는 교회가 되기를 바랍니다.

우리는 이렇게 선포합니다. 복수하지 마십시오! 계급 투쟁을 하지 마십시오! 폭력을 행사하지 마십시오! 폭력과 억압의 시대에, 부유한 사람이든 가난한 사람이든 오직 눈먼 사람만이 고통받는 사람들과 교회가 연대해서는 안 된다고 믿습니다. 우리는 반드시 보르고노보 폴 장관의 생명을 지킬 것입니다. 우리는 그가 폭력에 희생되기를 바라지 않습니다. 그러므로 고통받고 있는 보르고노보의 어머니와 함께, 교회는 감옥에 갇힌 자식을 둔 모든 어머니와 함께, 고통받고 있는 모든 사람과 함께 연대합니다."

5월 11일, 산살바도르 외곽의 한 길가에서 보르고노보의 시신이 발견됐다. 보르고노보의 장례 미사에서 강론을 한 로메로는 슬픔에 빠진 가족과 친구들에게 교회는 폭력을 거부했고, 성직자들은 폭력을 가르치지 않았다고 분명히 전했다. 그러나 그는 분노에 찬 조롱을 받았다. 사람들은 노골적으로 야유를 퍼부었다. 부유층에게 로메로는 수단을 입은 혁명가일 뿐이었다. 그들은 로메로가 내미는 손길이나 회개를 촉구하는 말에는 전혀 관심이 없었다. 성당 앞길에, 거리의 이곳저곳에 전단지가 날렸다.

"애국자가 되어라. 사제를 죽여라."[97]

그날 오후 우익 비밀 단체인 백인 전사 연합이 이를 행동으로 옮겼다. 그란데가 살해되고 몇 달 지나지 않아 알폰소 나바로 오비에도 신부가 자신의 사제관에서 총격을 받아 사망했다. 그는 로메로 장군이 대통령으로 '선출'된 것을 항의하는 리베르타드 광장의 시위가 무자비하게 진압되기 직전에, 그 광장에서 미사를 봉헌했던 일로 엘살바도르 민중과 군부에게 잘 알려져 있었다. 서른다섯 살인 젊은 나바로는 부활 성당의 주임 사제로서 산살바도르 인근의 중산층 신자들에게 사목 활동을 하고 있었다. 그의 견해가 널리 알려지고, 그의 교리 교육이 논란이 되면서 그는 여러 차례 위협을 받았다. 2월에는 본당 사목구의 차고가 무너져 나바로의 차가 부서졌다.

미주 인권 위원회의 공식 보고에 따르면, "살해된 날 오후, (나바로는) 수도의 한 고등학교에서 수업을 했고, 누군가가 그 수업 내용에 대해 밀고해 소환을 받아 대통령 궁에 갔다. 그런 다음 그 일을 대주교에게 보고한 뒤, 사제관으로 돌아갔다. 그가 도착하고 몇 분 뒤, 남자 네 명이 사제관을 찾아왔다. 어린 소년(루이스 토레스)이 문을 열자 그들이 소년에게 총을 쐈다. 나바로 신부는 마당으로 도망쳐 나와 담장을 넘어가려고 했다. 그는 총탄 일곱 발을 맞고 쓰러졌다. 발견됐을 때는 살아 있었지만, 구호소에서 오후 3시 30분에 숨을 거두었다."[98]

그의 생명을 구하려고 했던 사람들의 말에 따르면, 나바로는 죽기 전에 그 살인자들을 용서해 주었다고 한다.

또다시 로메로는 사제를 위한 장례 미사에서 강론을 해야만 했다. 그는 나바로의 본당인 부활 성당에 모인 사람들에게 강론을 시작했다. 전국의 수많은 사람이 그의 강론을 라디오를 통해 듣고 있었다.

"한 베두인족을 길잡이로 삼아 사막을 건너가는 대상隊商에 관한 이야기가 있습니다. 극도의 갈증에 지친 그들은 사막의 신기루를 보고 물을 찾아갔습니다. 그들의 길잡이가 말했습니다. '그쪽이 아닙니다. 저쪽입니다.' 그는 이 말을 수없이 되풀이했습니다. 절망에 빠진 상인들은 총을 들어 길잡이를 쏘았습니다. 길잡이는 죽어 가면서 손을 뻗어 마지막으로 한 번 더 그 말을 했습니다. '그쪽이 아닙니다. 저쪽입니다.' 그는 그 길을 가리키며 죽었습니다.

이 이야기는 우리 안에서 현실이 되고 있습니다. 한 사제가 자신을 죽인 암살범들을 용서하고 그들을 위해 기도하며 죽어 갔습니다. 나바로 신부님은 자신의 메시지를 우리에게 전해 주었습니다. 우리가 이 메시지를 받아들입시다."

로메로는 강론을 이어 갔다.

"우리 사제들은 희망으로 삽니다. 공산주의자들은 내세의 삶에 대한 이러한 희망을 절단 내어 왔기 때문에, 우리는 공산주의자가 될 수 없습니다. 우리는 하느님을 믿습니다. 우리는 똑같은 하느님 안에서 희망을 선포합니다. 우리는 희망을 확신하며 죽습니다. 그러나 희망은 결코 죽지 않는 이상理想입니다. 이것이 바로 나바로 신부님의 두 번째 메시지입니다. 마치 손을 뻗치어 길을 가리키는 대상의 길잡이와 같습니다. '그쪽이 아닙니다. 증오의 신기루를 따라가면 안 됩니다. 눈에는 눈, 이에는 이라는 이론을 따르면 안 됩니다. 안 됩니다. 그것은 범죄 행위입니다. 저쪽입니다. 서로 사랑하십시오.'"

로메로는 강론을 마무리하며 말했다.

"죄악과 폭력의 길을 걷지 마십시오. 여러분은 새로운 세상을 세우려고 합니다. 그렇다면 사랑의 길을 걸어가십시오."

로메로는 대주교로서 처음으로 피에 젖은 5월을 보냈지만, 사건은 끊이지 않았다. 보르고노보가 살해되고 일주일쯤 지나서 일이 터졌다. 암호명 '루틸리오 작전'에 따라, 국가 방위군은 고故 그란데 신부가 사목했던 아길라레스에 소집해 유휴 농지를 점거하고 있는 한 농민 권리 단체를 해산시키려고 했다. 군인 2천여 명이 몰려오는 소리가 들리자 그 단체의 농민들은 그곳에서 도망쳤다. 표적을 놓친 군인들은 아길라레스로 방향을 바꿨다 농민 몇 명이 다가오는 군인들에게 총을 쏴 두 명을 죽였다. 그러자 군인들은 미친 듯이 날뛰며, 그 자리에서만 대략 50명을 사살했다. 또 마을의 여자들을 강간하고, 가난한 집들을 약탈했다.

군인들은 그란데의 시신이 안치된 성당을 급습했다. 소총으로 감실을 파괴하고 길바닥에 성체를 내버렸다. 그들은 마을을 점령했다. 수백 명을 끌고 가서 심문하고 남아 있는 사람들을 학대했다. 특히 집에 그란데의 사진이나 십자고상을 모신 사람들을 더 심하게 학대했다. 군인들은 성당을 막사로 바꾸었다.⁹⁹ 아길라레스에 남아 있던 예수회원 세 명은 체포된 뒤 추방당했다.

로메로는 폐허가 된 아길라레스에 들어가려고 했지만, 국가 방위군이 그의 출입을 막았다. 그는 물러나는 몰리나 대통령에게 편지를 보내, 자신이 받는 부당한 대우에 대해 불만을 제기했다. 그는 먼저, 스스로 가톨릭 신자라고 자처하는 사람이 '국가의 안보를 지키는 군대가 자행하고 있는 엄청난 학대 행위를 어떻게 용인'할 수 있는지 이해하려고 노력했다는 사실을 알렸다. 그는 이렇게 썼다.

"대통령님, 저는 이해할 수 없습니다. 무슨 일이 일어났는지 제 눈으로 확인하기 위해 제가 아길라레스 성당에 직접 들어가는 것을 군 당국이 막아야 하는 이유를 이해하지 못하겠습니다. 대주교라는 사람조차도 국가 안보에 대한 위협으로 볼 수 있습니까?"¹⁰⁰

군대는 몇 주 동안 마을을 점령했다. 마침내 아길라레스에 들어선 로메로는 큰 충격을 받은 마을 사람들 앞에서 미사를 거행했다. 대주교로서 그는 '교회에 대한 이 박해로 희생되고 학대받은 사람들의 시신을 수습하는 것'이 자신의 가슴 아픈 임무가 되었다고 말했다.

"오늘 저는 신성 모독을 당한 이 성당과 수녀원, 파괴된 감실을 다시 일으켜 세우려고 왔습니다. 무엇보다도 먼저, 불필요하게 희생과 굴욕을 당한 이 사람들을 모으려고 왔습니다. …… 예수님께서 여러분과 함께 나누라고 저에게 명령하신 말씀을 전합니다. 연대, 격려, 지향, 마지막으로 회개하라는 말씀입니다."

미사가 끝난 뒤, 로메로는 마을을 다시 거룩하게 하기 위해 성체를 모시고 행렬했다. 성체를 모신 행렬은 군중을 향해 총을 겨누고 있는 국가 방위군 부대 앞에서 멈췄다. 행렬의 뒤쪽에 있던 로메로는 앞에 군인들이 있는 것을 알았다. 그는 사람들에게 말했다.

"전진하십시오."

앞으로 나아가는 사람들 앞에서 차츰 군인들이 사라졌다.

그 순간 로메로가 사람들에게 불어넣어 준 희망과 용기가 구현되고, 로메로에 대한 그들의 신뢰가 구현됐다. 그것은 또한 위험인물들에게는 소심했던 대주교가 두어 달 만에 얼마나 변화했는지 보여 주는 작은 표시였다. 이 새로운 권위는 주목받을 수밖에 없었다.

나바로 신부는 잔인하게 살해됐다. 그러나 이듬해 보안대는 더욱 잔인하게 또 다른 사제를 살해했다. 옥타비오 오르티스 신부의 죽음은 로메로에게는 더욱더 고통스러운 일이었다. 오르티스가 신학교를 다니던 10대 때부터 로메로는 그와 알고 지냈다. 젊은 사제인 오르티스는 로메로와 닮은 면이 많았다. 그는 평범한 환경에서 자라나 자신의 처지를 넘어서리라 결심하고 사제가 되었다. 오르티스는 로메로가 주교로서 처음으로 서품한 사제였다.

로메로는 일기에 이렇게 적는다.

"매우 비극적인 날이었다. 새벽에 산 안토니오 아바드 본당 사목구에 있는 '깨달음의 집El Desperta'에서 군사 작전이 있었다는 소식을 들었다. 그 집에서는 젊은이 40여 명이 그리스도교 신앙을 심화하는 피정에 참여하고 있었다. 옥타비오 오르티스 신부는 그리스도인의 삶을 시작하도록 그들을 지도했다.

그러나 오늘 새벽, 국가 방위군은 폭동 진압대와 함께 문을 폭파하고 장갑차로 밀고 들어와 마구 총을 쏘아 댔다. 옥타비오 신부는 무슨 일이 일어나는지 깨닫고 일어나서 자신의 죽음을 맞았다. 다른 젊은이 네 명도 죽었다. …… 옥타비오 신부의 얼굴은 완전히 뭉개져 있었다. 매우 무거운 것에 짓눌린 것처럼 보였다."

정부는 피정을 하던 젊은이들이 건물 지붕에서 국가 방위군에게 먼저 총격을 가했다고 주장했다. 심지어는 희생자들의 시신을 나란히 눕혀 놓고, 산살바도르의 순종적인 신문들에게 사진을 찍게 했다. 그것은 모두 군대의 무자비한 만행을 덮어 버리려고 날조한 것이었다. 그러면서 그들은 대주교의 방송을 비난했다. 시체 보관소에서 로메로는 오르티스의 시신을 붙들고 슬프게 울었다. 뭉개진 그의 머리를 쓰다듬으며 기도했다. 그의 시신 앞에서 로메로는 티모테오에게 보낸 둘째 서간의 4장 7절의 말씀을 인용하며 이렇게 확실히 말했다.

"나의 아들, 옥타비오!, 너는 너의 사명을 완수했고, 믿음을 지켰다."[101]

그 이후 몇 달 동안 국가 방위군은 엘살바도르 사제들에게 그러한 만행을 저지르고도 태평하게 있었다. 이에 비추어 국제 언론에 비추어지지 않는 농촌 사람들이 얼마나 참혹한 고통을 겪었는지 상상할 수 있을 것이다. 농민들은 더 큰 고통을 겪고 있었다. 로메로에게는 온갖 걱정이 떠나지 않았다. 군인들은 무장 혁명 단체를 소탕한다면서 마을을 완전히 휩쓸어 버렸다. 온 가족이 다 뿔뿔이 흩어지고, 살아남은 사람들은 산속으로 숨어 버렸다.

성경 공부를 주최하는 것, 외국인 기자와 이야기하는 것, 농장 노동자 단체에 가입하는 것은 당사자와 당사자 가족의 목숨을 빼앗길 수 있는 위험한 행동이었다. 강제든 자의든 마을 사람들의 대표나 밀고자로 일하는 사람들과 예비군 부대로 이루어진 준군사 조직인 전국 민주 기구ORDEN는 직접 잔인한 진압 작전을 수행하지는 않았지만, 그런 작전을 할 수 있는 사람들과 연결되어 있었다. 무슨 말이라도 잘못했다가는 한밤중에 사복 차림의 방위군이 불쑥 찾아왔다. 이런 식으로 한밤중에 '사라지지' 않기를 바라는 사람들은 집과 가족을 떠나 들이나 산에서 노숙을 했다.

그 당시 엘살바도르를 찾은 한 미국인 기자는 농촌에서 일상적으로 발생하는 폭력을 잠시나마 목격했다.

"처음으로 카바냐스에 갔을 때 세사르 헤레스 신부가 그리스도인 활동가인 한 젊은이에게 나를 안내해 주도록 요청했다. 내가 그와 함께 작은 목소리로 이야기를 나누고 있을 때, 마을 사람들이 우리가 숨어 있던 움집으로 들어왔다. 그들은 자기 마을 사람들인 '전국 민주 기구'의 밀고자들이 우리를 에워싸고 있다고 경고했다. 그들은 목숨을 걸고 우리에게 위험을 알려 준 것이었다. 그리고 그들은 한 사람씩 희생자들의 이야기를 했다. 어떻게 살인자들이 한 여인의 아들을 데리고 가서 목을 베었는지, 그리고 다른 여인은 어떻게 남편의 시신을 도랑에서 찾았는지 이야기했다. 그 여인은 살인자들이 남편의 시신을 칼로 '토막 내' 놓아 온전하게 묻을 수도 없었다고 말했다. 그들은 연필로 꼼꼼하게 진술서를 썼다. 이들이 글을 쓸 수 있게 된 것은 예수회의 교육 덕분이었다. 그들은 공격을 받은 날짜와 시간을 자세하게 적고, '전국 민주 기구' 사람들이 약탈해 간 재산 목록을 작성했다. 대개 그 진술은 이랬다. '전 오렌지 한 상자와 촛대 네 개를 빼앗겼어요. 침대 줄을 끊어 버려서 잘 곳이 없어요.'"[102]

암살단은 불법 농민 단체들을 집중적으로 공격했다. 본당 사목구의 사제들과 교리 교사들이 진행하는 성경 공부와 교육을 통해 농민 단체들이 많이 생겨났다. 군부는 그들을 혁명분자들의 젖줄이라고 간주했다. 도시의 골목이나 쓰레기장에는 가족들과 친구들이 알아볼 수 없을 정도로 심하게 고문당하고 훼손된 시체들이 버려져 있었다. 암살단을 꼭두각시처럼 조종하는 자들은 남녀 가릴 것 없이 많은 사람을 반역 행위자로 몰아가거나 그들이 단체들과 관련되어 있다고 여겼다. 이러한 희생자들 가운데 정치적 저항 단체들과 관련되어 있는 사람들도 있었지만, 대부분은 단순히 공동체에 봉사하는 사람들이거나 성당의 교리 교사들이었다.

교회도 계속해서 고통과 박해를 받았다. 백인 전사 연합은 엘살바도르의 예수회원 47명에게 최후통첩을 했다. 30일 이내에 이 나라를 떠나라고 명령하며, 그 이후에 남아 있는 사람은 누구나 추적하여 죽일 계획이라고 했다. 엘살바도르의 예수회 공동체와 협의한 끝에, 예수회 총장인 페드로 아루페 신부는 이렇게 응답했다.

"그들은 순교자로서 삶을 마칠 것입니다. 우리 사제들은 민중과 함께하기에 떠나지 않을 것입니다."

로메로 대통령은 군인들에게 예수회 학교와 사제관을 지키라고 명령했다. 이는 정부가 엘살바도르 사제들을 보호하려고 개입한 몇 안 되는 사례였다. 30일이 시났는데도, 예수회원들은 다치지 않았다. 그리고 정부 권력자들이 백인 전사 연합 같은 암살단과 연결되어 있다는 사실이 우연히 드러나게 되었다.

백인 전사 연합에게 직접적으로 몇 차례 살해 위협을 받은 라파엘 팔라시오스 신부는 산타테클라에 있는 로메로를 두 번이나 찾아가 그의 안전에 대해 걱정했다. 그는 그곳에서 그리스도교 기초 공동체들과 함께 일하고 있었다. 그곳에서는 암살단의 우두머리인 로베르토 도뷔송이 가족 농장을 운영하고 있었다. 로메로는 팔라시오스의 걱정을 들었지만, 흔히 있는 위협이라고 보았다. 아마도 팔라시오스의 두려움이 좀 과장된 것이라고 생각했을 것이다. 6월 20일, 팔라시오스는 국가 방위군 장교가 살해된 데에 대한 보복으로 산타테클라 거리에서 총살당했다.[103]

로메로는 팔라시오스의 장례 미사 때 이렇게 말했다.

"우리는 교사, 노동자, 농민의 피와 함께 사제의 피를 바칠 수 있습니다. 이것은 사랑의 친교입니다. 이토록 끔찍한 살인이 자행되고 있는 이 나라에서 우리가 희생자 가운데서 사제들을 찾을 수 없다면 이 얼마나 슬픈 일이겠습니까? 그 사제들은 백성의 문제 안에 육화된 교회의 증인들입니다."

로메로는 제2차 바티칸 공의회, 메데인, 푸에블라 문헌에 생명을 불어넣도록 부름받은 최초의 주교들 가운데 한 사람이었다. 억압받고 가난하고 소외된 사람들과 함께하는 교회가 되어, 로메로는 신학적 이론과 영성적 수사를 실현해야 했다. 로메로가 그 가르침을 실천했을 때에, 그 문헌들을 작성했던 사람들마저도 그 결과에 대해 불안해했다. 그들이 현대 세계에 대한 교회의 봉사를 강조하고 가르쳤음에도 말이다. 그러나 로메로는 가난한 사람들과 함께하는 철저한 증언이야말로 오직 이 시대 교회의 가르침을 따르는 논리적이고 필연적인 결과라고 여겼다. 얼마나 많은 주교가 물질적·정신적·육체적 억압을 자행하는 무자비한 권력 앞에 무기력하게 서 있었던가? 기꺼이 자원하여 가난한 사람들의 보호자가 되어 준 주교가 얼마나 있었던가? 로메로는 교회 문헌들의 가르침을 뛰어넘었다. 그리고 그는 세상에 있는 그리스도의 몸인 이 시대 교회의 진정한 모습이 가장 많은 억압을 받고 있는 가장 힘없는 사람들 가운데 있으며 그들이 진정한 예언자라는 것을 삶에서 실시간으로 배웠다.

1978년 1월 29일 강론에서 로메로는 이렇게 말했다.

"세상은 '가난한 사람들은 행복하다.'고 하지 않습니다. 세상은 부자들은 행복하다고, 그들은 가진 것만큼 가치 있는 사람이라고 말합니다. 그러나 그리스도께서 이렇게 말씀하십니다. '아니다. 행복하여라, 마음이 가난한 사람들! 하늘나라가 그들의 것이다. 그들은 덧없이 지나가는 것에 믿음을 두지 않는다.'"

로메로는 벨기에 루뱅 대학교에서 명예박사 학위를 받았다. 그 자리에서 그는 환호하는 유럽인들에게 연설했다. 그 연설은 자신의 삶과 교회관에 대한 변론이었다.

"가난한 사람들의 세상은, 사회적·정치적 특징과 교회가 육화되어야 할 곳이 어디인지를 가르쳐 줍니다. 그러면 권력의 묵인으로 끝나 버리는 잘못된 일반화를 피할 수 있습니다. 가난한 사람들의 세상은, 그리스도인들이 어떻게 사랑해야 하는지를 가르쳐 줍니다. 가난한 사람들의 세상은, 그리스도인들의 사랑은 정의로운 싸움에서 도망치지 않고 다수를 위한 정의의 요구에 응답해야 한다고 가르쳐 줍니다. 가난한 사람들의 세상은, 해방은 가난한 사람들이 정부나 교회의 수혜자가 될 때만이 아니라 그들 자신이 투쟁과 해방의 작가이자 주인공이 될 때 일어난다고 가르쳐 줍니다. 그리고 궁극적으로는 가부장 주의, 곧 교회의 가부장제도 뿌리 뽑아야 한다고 가르쳐 줍니다."

루뱅에서 로메로는 엘살바도르의 고통스러운 상황을 전하며, 유럽과 서방의 도움을 호소했다. 그리고 엘살바도르 압제자들이 자행한 사건들을 보고했다. 엘살바도르에서 무슨 일이 일어나고 있는지 모르는 선진국과 교계 안에 있는 사람들, 그리고 가난한 사람들과 함께하고, 가난한 사람들을 위한 교회가 되어야 한다고 생각하는 그의 사명에 반감을 갖고 있는 사람들에게 새로운 소식을 전했다. 그는 스스로 법정에 서서 최후 변론을 하는 것처럼 읽어 내려갔다.

"우리 교회는 지난 3년 동안 박해의 희생자였습니다. 그러나 박해의 이유를 찾는 것이 더욱 중요합니다. 단순히 사제들과 단체들만이 박해를 받은 것이 아닙니다. 교회는 가난한 사람들 편에 있었고 그들의 방패막이 되었습니다. 그 결과 박해와 공격을 받았습니다. 교회는 가난한 사람들을 보호하고, 가난한 사람들의 운명을 책임지려고 했기 때문에 박해를 받았습니다."

로메로는 이어서 말했다.

"가난한 사람들이 사는 곳, 가난한 사람들이 스스로 해방을 얻는 곳, 남자와 여자가 한 식탁에 앉아 함께 음식을 나눌 수 있는 곳, 그곳에 생명의 하느님이 계십니다. 생명의 하느님에 대한 믿음은 그리스도교 신비의 깊이를 설명해 줍니다. 가난한 사람들에게 생명을 주기 위해서는 자신의 목숨을 바쳐야 합니다. 생명의 하느님에 대한 신앙의 가장 위대한 표지는 자신의 목숨을 기꺼이 내놓는 사람의 증언입니다. '친구들을 위하여 목숨을 내놓는 것보다 더 큰 사랑은 없다.'"(요한 15,13)

로메로는 엘살바도르의 일상적인 사회적 상황을 증언하고, 성경의 지혜를 나누는 가난한 사람들이야말로 그 당시 믿음의 중요한 교사라고 생각했다. 그 지혜를 통해 그는 교회가 영적 기도만을 중얼거리며 역사의 방관자로 비켜서는 것이 아니라, 그 시대와 함께해야 할 필요성이 있음을 이해했다. 그는 교회가 억압받고 있는 사람들 편에, 압제자들의 시정을 요구하는 사람들 편에 서는 것밖에는 선택할 수 있는 다른 길이 없다고 말했다. 1978년 12월에 로메로는 '우리는 민중 편을 들기' 때문에, 교회가 정부와 갈등을 빚고 있다고 말했다. 그것은 자신을 지킬 힘이 없는 사람들과 함께 위험을 견뎌 내겠다는 의미였다. 로메로는 이렇게 물었다.

"어떠한 위기도 일으키지 않는 교회, 불안하게 하지 않는 복음, 아무도 괴롭히지 않는 하느님 말씀, 복음이 선포된 사회의 진짜 죄에 관여하지 않는 하느님 말씀, 이것이 무슨 복음입니까?"[104]

두 번째 사목 교서에서 로메로는 다음과 같이 썼다.

"교회는 역사 안에서 그리스도의 몸입니다. …… 그리스도는 교회를 세우시고 그분 교회의 구성원인 그리스도인들을 통해서 인류 역사 안에 현존하십니다. 예로부터 교회는 그리스도께서 당신의 생명과 사명을 그 안에 현존하게 하시는 그분의 몸입니다.

교회에 어떤 변화가 있는지 이해해야 합니다. …… 교회는 그리스도의 몸이 되어야 비로소 진정한 교회가 될 수 있습니다. 새로운 역사적 상황과 환경에서 예수님의 사명이라면 교회의 사명은 그와 다르지 않습니다. 교회를 인도하는 기준은 (권력과 위협의) 승인이 필요하지 않습니다. 자신의 목소리를 그리스도께 빌려 드려 그분의 목소리를 대신 내고, 그분께 발을 빌려 드려 오늘날의 세상을 그분 대신 걷고, 손을 빌려 드려 그분의 나라를 세우고, 모든 지체가 그리스도께서 지금도 겪고 계시는 모든 것을 채울 수 있게(콜로 1,24 참조) 하는 것이 역사 안에서 수행하는 교회의 임무입니다."

팔라시오스 신부의 장례 미사 때 로메로는 이렇게 말했다.

"형제자매 여러분, 저는 기쁩니다. 우리 교회는 바로 가난한 사람들을 위한 최우선의 선택 때문에, 가난한 사람들을 위해 육화되려고 했기 때문에 박해를 받고 있습니다. 통치자, 부자, 권력자들에게 '여러분이 가난해지지 않으면, 여러분의 가족에게 하듯이 우리 민중의 가난에 관심을 가지지 않으면, 여러분은 사회를 구할 수 없을 것'이라고 말한다는 이유로 우리 교회는 박해를 받고 있습니다."

로메로는 희생자들을 돌보고 '시신을 수습하는 일'만을 목자의 사명으로 받아들이지 않았다. 그는 더 복잡한 사목 활동을 수행했다. 투쟁의 양편에서 이른바 '폭력의 신비'를 우상화하는 사람들을 회개시키기 위해 끊임없이 노력했다. 그는 두 번이나 잔인한 일을 당한 아길라레스 사람들에게 말했다.

"여러분의 마음속에 원한을 남겨 두지 마십시오. 하느님과 화해하고 우리 형제자매들과 화해하라는 부르심인 이 성체가 우리는 그리스도인이라는 사실을 마음속에 가득 채워 주시기를 바랍니다. 이 성체가 모든 증오와 원한의 흔적을 우리 마음속에서 지워 주시기를 빕니다."

엘살바도르 전역은 폭력의 새로운 희생자들이 흘린 피로 붉게 물들었다. 그러나 로메로는 권력자들이 회개하여 엘살바도르의 정의와 평화를 이끌 것이라고 믿으며 희망을 결코 버리지 않았다. 암살되기 2개월 전인 1980년 1월, 그는 이렇게 말했다.

"제가 전에 과두 정부에 한 말을 반복합니다. 저를 심판자나 적으로 보지 마십시오. 저는 오직 민중의 목자이며, 형제고 친구입니다. 저는 그들의 고통과 굶주림, 괴로움을 아는 사람입니다. 그들의 목소리를 대신하여 제 목소리를 높이고자 합니다. 재산을 우상으로 섬기지 마십시오. 다른 사람들을 굶어 죽게 하면서까지 재산을 쌓아 두지 마십시오. 행복해지려면 나누어야 합니다."

그가 해방 신학에 대해 의구심을 갖고 메데인 총회의 실천적·영성적 결과를 받아들이는 데 어려움을 겪었던 것은 잘 알려져 있다. 그러나 대주교로서 로메로는 점차 자신이 중앙 아메리카 성직자들 가운데서 '진보적' 요소들을 지니고 있다는 점을 깨달았다. 그는 가난하고 힘없는 사람들을 섬기기 위해서는 교회가 어디에 있어야 하는지, 무엇을 해야 하는지에 관하여 목소리를 높였다. 이러한 인식에는 찬사와 함께 비난이 뒤따랐다. 모든 주간지는 대주교에 관한 이야기를 꾸며 내고 공격하는 데 전념하며, 로메로에게 '오스카 마르크스눌포 로메로Oscar Marxnulfo Romero'라는 별명을 붙였다.

아길라레스에서 봉헌한 미사에서 그는 말했다.

"우리의 권리를 확고히 보호합시다. 마음을 다해 사랑으로 그렇게 합시다. 우리가 사랑으로 행동한다면, 우리가 죄인들의 회개를 추구하고 있다는 것을 보여 줄 수 있습니다. 사랑은 그리스도인의 복수입니다."

이 말은 짧지만 평화를 위한 로메로의 '정치적' 투쟁의 본질을 담고 있다. 그는 교회가 국가의 악화되는 갈등의 한가운데서 강력하고 정직한 목소리를 내면서 복음과 새로운 신학적 투신에 진실해야 한다고 확신했다. 이것은 세속의 급진적인 사회적 해방의 목소리가 아니라 모든 사람을 위한 영적이고 자비로운 해방의 목소리가 될 것이다.

대교구의 법률 대리인이자 법률 지원 사무국장이었던 로베르토 쿠에야르는 최근의 한 다큐멘터리에서 로메로를 '해방

신학의 위대한 사상가나 옹호자가 아니라, 참행복의 신학자'
로 기억하며 이렇게 말했다.

"굶주린 사람에게 먹을 것을 주고, 목마른 사람에게 마실
것을 주어라. 감옥에서 박해받는 사람들을 찾아보고, 힘없는
사람에게 힘을 주어라.' 참행복을 실현하는 그의 능력은 참으
로 인상적이었습니다. 그는 가난한 사람들의 권리를 보호하
고, 그들의 인권을 수호하려고 싸웠습니다."

1977년 11월, 엘살바도르의 목소리 없는 사람들의 목소리
가 된 이후, 로메로는 자신을 위협하는 강력한 적들에게 자신
의 진정한 사목 직무에 대해 변호했다.

"우리는 결코 폭력을 가르치지 않았습니다. 그러나 십자가
에 못 박히신 그리스도께서 남기신 사랑의 폭력은 예외입니
다. 우리는 결코 폭력을 설파하지 않았습니다. 그러나 우리
가 저마다 이기심을 이겨 내고, 그토록 잔인한 불평등을 극
복하고자 우리 자신에게 가해야 하는 폭력은 예외입니다. 우

리가 선포하는 폭력은 칼과 증오의 폭력이 아닙니다. 사랑과 형제애의 폭력이며, 무기를 두들겨 일하는 낫으로 바꾸는 선택의 폭력입니다."

그는 동료 사제들과 하느님의 백성들에게 교회는 가난한 사람들의 울부짖음을 듣고 엘살바도르의 죄악인 사회 구조를 알고 있다고 말했다. 이 사회 구조는 가난한 사람들, 정치적으로 추방당한 사람들, 힘없는 사람들을 짓밟고 있었다. 그러나 이러한 사회적 결함을 다루어야 하는 그만큼, 대교구는 군부와 지주 계층인 엘살바도르 '죄인들'을 구원하고, 고통받는 사람들의 형제자매들을 구원하며, 엘살바도르 공동체의 복원을 위해 애써야 하는 사목 책임이 있었다.

로메로는 아길라레스에서 말했다.

"기도합시다. 우리를 때리고 짓밟은 사람들, 감히 거룩한 감실을 더럽힌 사람들의 회개를 위하여 기도합시다. 이곳을 감옥과 고문실로 만들어 버린 사람들의 참회와 회개를 위하여 기도합시다. 칼을 든 사람은 모두 칼로 망할 것이라는 주님의 선고가 그들에게 내려지기 전에, 주님께서 그들의 마음을 어루만져 주시기를 빕니다. 그들이 진심으로 뉘우치고, 자신들이 괴롭혀 온 사람들을 바라보게 해 주소서. 자비와 자애의 원천에서 솟는 은총을 저희 모두에게 부어 주시어 저희가 모두 형제자매임을 깨닫게 해 주소서."

로메로가 자주 언급한 대로, 이 갈림길에서 해방에 대한 그의 생각과 일부 해방 신학 지지자들의 생각은 서로 다른 길을 갔다. 로메로는 사회적 지위와 계급 투쟁을 장려하거나 엘살바도르의 부당한 부富의 분배, 세습 재산 범죄의 재정리에는 관심이 없었다. 그는 가장 가난하고 힘없는 공동체에서 사는 형제자매들의 육신과 영혼을 구원하는 일에 관심을 기울였다. 또한 빈곤을 조장하는 폭력에 영향을 받지 않았으며, 그 폭력과 자신들의 공범 관계를 일부러 외면하는 상위 계층에게도 관심을 가졌다. 그가 비판하고 탄원하는 말들은 분열과 책망을 목표로 하지 않았다. 신앙을 회복하고, 신자 공동체를 복원하며, 억압받는 사람들에게 희망을 주고, 교회를 떠난 그리스도인들에게 하느님 백성의 공동체로 돌아오라고 간청하고, 돌아온 그들을 환영하는 것이 그의 목표였다. 로메로는 이렇게 설명했다.

"사람들이 저를 두고 반동분자라고 하며 제가 정치 문제에 간섭한다고 말하지만, 그것은 사실이 아닙니다. 저는 계속해서 그리스도의 사명을 수행하고 있는 교회의 사명을 분명하게 밝히려고 노력합니다. 교회는 사람들을 구원해야 하고 그들과 함께 정의를 추구해야 합니다. 또한 교회는 사람들이 증오나 복수나 불의한 폭력의 길을 따르지 않도록 이끌어야 합니다. 이러한 의미에서 교회는 사람들과 함께하며, 큰 고통을 받고 있는 사람들과 동행합니다. 물론, 교회는 민중을 짓밟는 사람들과 싸워야만 합니다."[105]

그러나 방탕한 아들이 돌아오기를 기도하며 사랑으로 기다리는 아버지처럼, 로메로는 자신의 양 떼 가운데서 가난한 사람들의 억압에 가담해 이익을 취한 자들에게도 주의를 기울였다. 그리고 언젠가 그들의 눈과 마음이 열리고 화해가 이루어지며 공동체가 복원되는 날이 오기를 기도하며 희망했다.

1977년 9월 25일 강론에서 로메로는 말했다.

"지치지 말고 사랑을 선포합시다. 우리 눈앞에서 폭력의 물결이 그리스도인 사랑의 불을 몰아낸다 하더라도, 사랑은 반드시 이깁니다. 이길 수밖에 없습니다."

이것이 로메로가 체현한 희망이다. 오늘도 엘살바도르에서는 여전히 그 희망의 성취를 기다리고 있다. 로메로가 남긴 유산의 일부는 역사의 하느님, 정의와 자비의 하느님과 함께하는 데 있다. 그리고 필요하다면, 그가 그랬던 것처럼 오직 믿음 안에서 죽을 수 있다면, 우리는 그 희망에 대한 확신을 평생 간직할 수 있다.

제8장

광기의 한가운데에서

로메로는 산살바도르의 끔찍한 현장으로 자주 불려 나갔다. 때로는 옛 친구의 시신을 발견해 경악했으며, 그가 존중했던 농민 지도자가 형체도 알아볼 수 없는 유해로 버려져 있어 이를 거두어들여야 할 때도 있었다. 수많은 시신이 골목과 거리, 쓰레기장에 버려져 있었다. 이에 대해 로메로는 신랄한 어조로 말했다.

"시신을 수습하러 다니는 것이 제 성소聖召인 것 같습니다!"

이 말은 전적으로 비유적인 발언이 아니었다. 1979년부터 1981년까지 암살단들은 어림잡아 3만 명 이상을 살해했다. 고문에서 살아남은 사람들과 희생자들, 실종자들의 가족을 위로하는 일이 로메로의 일상적인 사목 활동이 되었다. 많은 사람이 로메로에게 위로를 받기 위해 여러 날 동안 걸어서 찾아왔다. 로메로는 교구청 복도에서 자신을 기다리다 지친 소작농 여인을 본 뒤, 모든 일을 내려놓고, 실종되거나 살해된 사람들의 이야기를 들었다. 로메로의 일정을 챙겨야 할 사람은 그저 당황스러울 뿐이었다.[106]

로메로가 섬뜩한 폭력 현장에 있는 가난한 사람들과 만나는 동안, 니카라과에서는 모든 예상을 뒤엎고 잔혹한 소모사 정권이 민중 봉기에 무너졌다. 이에 영향을 받은 로메로는 엘살바도르의 억압받는 민중이 군부의 무자비한 폭력에 맞서 자신을 보호할 정당한 권리를 찾아야 한다는 원칙을 잠정적으로 받아들였다. 하지만 이 원칙은 여러 해 뒤에 그의 순교 본질에 흙탕물을 튀기게 된다.

바오로 6세 교황은 회칙 〈민족들의 발전〉에서는 폭군적 압제에 맞서는 폭동의 '권리'에 대한 정당성을 '예외로' 인정한다는 실낱 같은 가능성을 열어 두었다.

"인간의 기본권을 유린하고 국가의 공동선을 극도로 해치는, 명백한 폭군적 압제가 오래 지속되는 경우를 제외하면 혁명과 폭동은 새로운 부정과 새로운 불균형을 초래하며 인간을 파멸에 이끌어 간다는 것을 모르는 사람은 없다. 아무도 현실의 악을 거슬러 투쟁함으로써 더 큰 불행을 초래해서는 안 된다."(〈민족들의 발전〉, 31항)[107]

그러나 로메로가 방어를 위한 폭력의 가능성을 받아들였다고 해서 폭력을 조장했다거나 환영했다는 의미는 아니다. 전면적인 내전이 벌어지는 가운데 혁명 세력과 군대 사이에 엘살바도르 민중이 무방비 상태로 끼어 있다는 것을 그는 잘 알고 있었다. 민중이야말로 내전으로 가장 고통받는 사람들이었다. 그는 네 번째 사목 교서 〈국가의 위기 속에 있는 교회의 사명〉에서 이러한 민중의 처지를 설명하려고 노력했다. 이 교서는 주로 교회와 당시 전국에서 쏟아져 나오던 농민 권리 단체와 같은 민중 조직과의 관계를 다루었다. 이 단체들은 엘살바도르의 기존 정치적·경제적 질서에 대한 민중 저항을 모두 수반했다. 특별히 교회와 우호 관계를 유지하는 평화로운 단체들도 있었다. 부정 선거의 거듭되는 악순환과 오랜 세월

행해진 잔인한 억압에 불만이 커진 단체들은 공공연히 폭력 저항으로 돌아섰다. 사목 교서 〈교회의 사명〉에서 로메로는 국가 안보와 부의 우상들을 비판했으며, 현재 상황을 폭력으로 전복시켜 물질적 해방을 이루는 데에 집착하는 민중 조직도 격렬하게 비난했다.

멕시코 푸에블라에서 열린 라틴 아메리카 주교회의 총회에서는 잠시 정회를 하고, 교회가 원주민이나 아프리카계 미국인, 농민들의 '가난에 쓰러진 어린아이'의 얼굴에서 "주님이신 그리스도의 고통받는 모습을 알아보아야 한다."라고 촉구하는 성명을 발표했다. 로메로는 그에 대한 책임이 대교구의 법률 지원 사무국에서 기록한 통계 자료로 증명됐다고 〈교회의 사명〉에 썼다. 그 통계 자료에는 불과 6개월 만에 "보안대, 무장 군대, 준군사 조직들에게 살해된 사람이 406명에 이르고, 정치적인 이유로 체포된 사람도 307명이나 된다."라고 나와 있었다. 이에 대해 로메로는 이렇게 썼다.

"지주 계층의 희생자는 단 명도 없습니다. 농민 가운데서 희생된 사람들이 너무 많습니다. 이러한 억압과 탄압에 직면할 때에, 메데인 문헌에 나오는 '절망의 폭발적인 혁명'이 자연스럽게 일어납니다. (이 절망은 급증하는 폭력의 회오리를 일으키며) 지금으로서는 상상할 수도 없는 차원의 잔혹성을 향해 치달을 것입니다.

구조적인 위기가 평화롭게 해결되리라는 막연한 기대가 문제를 점점 더 키우고 있습니다. 우리는 실제로 내전을 치르는 것처럼 보이는 단계에 이르렀습니다. 내전은 비공식적이고 간헐적으로 전개되겠지만, 그럼에도 매우 무자비하고 가차 없이 진행될 것입니다. 내전은 우리의 일상적인 생활을 허물어 버리고, 모든 엘살바도르인 가정에 공포를 가져올 것입니다."

이렇게 위험한 상황은 거대한 폭력의 회오리를 일으킬 것이다. 매우 위험한 상황에 직면했음을 인식하며 로메로는 교회가 복음화 사명에 충실해야 하고, 평화롭게 정의를 추구해야 하지만, "진압에 따른 빠른 죽음이나 구조적 억압에 따른 느린 죽음(실제로 똑같은 죽음)"에 맞서는 강력한 예언자로 머물러 있어야 한다고 적었다.

"교회는 목소리 없는 사람들의 목소리가 되고, 가난한 사람들의 권리를 지키는 수호자가 되어야 합니다. 교회는 해방을 향한 모든 염원을 증진해야 합니다. 교회는 역사 안에서 참된 하느님 나라를 준비하는 사회, 더욱더 정의로운 사회를 이루려는 정당한 투쟁을 이끌고, 그 투쟁에 힘을 부여하고, 그 투쟁을 인간화해야 합니다. 그렇지 않으면 하느님을 향한 사랑과 복음에 대한 충실성을 저버리는 것입니다. 그러기에 교회는 가난한 사람들 가운데 더 많이 현존해야 합니다. 가난한 사람들과 연대하며, 그들과 함께 위험을 헤쳐 나가고, 그들의 운명인 박해를 함께 견뎌 내며, 예수님의 사랑에서 첫째가는 가난한 사람들을 보호하고 증진하여, 그 사랑을 가능한 한 최대로 증언할 준비를 해야 합니다."

푸에블라에서 문헌으로 남긴 그 유명한 약속을 들어, 로메로는 이렇게 썼다.

"가난한 사람들을 위한 최우선의 선택은 사회의 다양한 계층의 불공정한 차별을 의미하지 않습니다. 계층에 관계없이 모든 사람이 자기 자신의 문제처럼 가난한 사람들의 대의를 받아들이도록 초대하는 것입니다. 그것은 바로 '내가 진실로 너희에게 말한다. 너희가 내 형제들인 이 가장 작은 이들 가운데 한 사람에게 해 준 것이 바로 나에게 해 준 것이다.'라고 말씀하신 그리스도의 대의를 받아들이는 것입니다."

푸에블라와 메데인 문헌을 통해 로메로는 폭력을 저지른 개인의 죄만이 아니라, 엘살바도르 지배층의 특권에 고착되어 있는 구조적인 죄와 폭력을 없애야 한다고 강조했다.

"엘살바도르의 주요 사망 원인 두 가지를 보고 슬펐습니다. 첫 번째가 설사이고, 두 번째는 살인이라고 합니다. 영양 실조로 인한 설사 바로 다음이 범죄의 결과인 살인입니다. 이 두 가지가 우리 국민들을 죽이는 역병疫病입니다."[108]

또 로메로는 '이 나라에 존재하는 우상 숭배'를 비난했다.

"부富가 신이 되고, 사유 재산은 자본주의 체제로 절대화됐습니다. 개인의 불안을 고착시키는 정치권력이 국가 안보를 최고선最高善으로 내세웁니다."

그는 산살바도르 거리에서 평화와 변화라는 교회의 복음화 메시지를 전했다. 1979년 3월 어느 날 오후, 그는 위험을 무릅쓰고 비밀리에 게릴라 단체의 지도자들을 만났다. 비폭력이라는 그리스도인의 이상을 전하며 그들을 설득하려 했던 것이다. 로메로는 일기에서 이렇게 회상했다.

"그러나 이 사람들은 확고했다. 그들은 이 상황을 해결할 수 있는 것은 사랑의 힘이 아니라 폭력의 힘이라고 확신했다. 그들은 그리스도의 사랑에 관한 이야기는커녕, 그 어떤 이야기도 들으려 하지 않는다. 나는 이 사람들이 대표하는 우리 사회 한 영역 전체의 사고방식과 그리스도인의 입장 사이에는 매우 깊은 간극이 있다는 것을 깨달았다.

그리스도께서 우리에게 가르쳐 주신 것과는 전혀 다른 방법을 사용하지만 국가의 선익을 바라는 사람들이 이해할 수 있도록, 나는 하느님의 교회가 나아갈 길을 밝혀 주시라고 하느님께 간청했다."[109]

게릴라 단체들과 만나는 일은 모든 곳에 현존해야 할 대주교인 로메로의 매우 특이한 책무 가운데 하나였다. 로메로의 일기는 그가 살았던 복잡하고 위험한 세상을 아주 생생하게 보여 준다. 온갖 요구와 갈등으로 사방에서 공격을 받았지만, 로메로는 자신의 주변에서 소용돌이치는 혼돈과 위기에서 에너지와 확신을 이끌어 낸 것처럼 보인다. 산미겔에서 교구를 바로잡으려고 전념했던 것처럼, 로메로는 산살바도르에서 사목자와 관리자로서 지칠 줄 몰랐다. 날마다 정치적 공격을 받으면서도 로메로는 교구에 산적한 일들을 하며, 수많은 위원회와 사무 체계를 바로잡았다. 또한 대교구의 카리타스 활동을 개혁하고, 출판사와 라디오 방송국을 되살려, 그 시대의 특별한 사목적 요구에 부응하는 새로운 프로그램들을 만들었다. 또한 새 성당들을 봉헌하고, 날마다 교구 신자들과 어울리며, 성직자들의 다툼을 해결하고, 교구청의 일상적인 수많은 업무에도 관심을 기울였다.

로메로는 끊임없이 그의 문을 두드리는 위기에 처한 사람들의 탄원에 온 힘을 다해 응답했다. 납치범들, 게릴라 단체 지도자들, 노조 대표들, 기업가들과 협상하고, 주교좌성당에서 벌어지는 갖가지 연좌시위와 농성을 해결했다. 엘살바도르 산속에서 숨어 지내는 농민들이 굶주리지 않도록 돈을 모았고, 정치적 폭력으로 충격을 받은 피해자들을 신학교에 숨겨 주기도 했다.

로메로가 회개했기 때문에 그의 몸에 초자연적인 힘이 생긴 것은 아닌지 궁금해하는 사람도 있었다. 그의 정신적·육체적 힘은 어디서 나온 것일까? 산미겔의 다른 평범한 남자들처럼, 로메로는 디비나 프로비덴시아 병원에 있는 자신의 숙소에 원기를 회복시켜 준다는 오래된 해먹을 매달아 놓았다고 한다. 그러나 지인에 따르면, 그의 정신적·육체적 인내력에 대한 진짜 비결은 기도 생활이었다고 한다. 해야 할 일들이 매우 많았지만, 예수회 영신 수련으로 단련된 로메로는 날마다 규칙적으로 정해진 시간에 기도와 묵상을 했다.

로메로는 확고한 신념을 가지고 대교구를 꾸려 나갔다. 그러나 국가 운영의 책임자인 로메로 대통령은 국가 운영에서 별로 성공을 거두지 못했다. 로메로 대통령의 불법적인 통치는 2년 이상 이어졌지만, 그동안 사회적 갈등은 계속 악화됐다. 그리고 엘살바도르에서 조국에 불충하다고 간주되는 사람들과 농민들에게 극심한 만행이 자행됐다. 로메로 대통령은 개혁을 약속했지만, 그 약속을 지키지 못했다. 그는 정치범들의 석방에 동의했다. 그러나 정치범 수십 명이 풀려나자마자 그날 밤 아무도 모르게 '실종'됐을 때에도, 로메로 대통령은 군대 암살단의 만행을 방관했다.

로메로 대통령의 임기 첫해, 정치적인 이유로 약 700명이 죽임을 당했다고 기록됐다. 이듬해에는 약 2천 명이 살해됐다. 파업과 시위로 거리는 무질서해졌다. 화폐의 구매력이 고갈돼 자본이 빠져나갔다. 교직에서 은퇴한 로메로 대통령의 형은 보복당했다. 한 민간 무장 단체가 그를 가족 세 명과 함께 총살해 버렸다. 그 가운데는 여덟 살 된 의붓딸도 있었다. 온 사회가 무질서의 혼돈 속으로 빠져들 무렵인 1979년 10월에, 군부의 온건파 장교단이 무혈 쿠데타로 로메로 대통령을 제거했다. 장교들은 전면적인 내전을 막기 위해 진정한 개혁을 하겠다고 약속했다. 쿠데타 지도자들은 부정 선거 결과를 부정해 온 야당의 민간인들과 혁명 평의회를 구성했다. 엘살바도르의 새 지도자들은 국가의 부와 권력의 재분배를 의미하는 토지 개혁을 약속했고, 민중의 증오 대상인 전국 민주 기구를 없애겠다고 약속했다. 국가의 갈등이 평화롭게 해결될 것이라는 민중의 기대는 높아졌다.

로메로도 그러한 희망으로 현명한 판단을 하지 못했고, 쉽게 이 혁명 평의회를 믿어 버렸다. 민중과 마찬가지로, 그는 폭력에 지쳐 있었고, 이 혁명 평의회를 정의와 평화를 위한 마지막 기회라고 보았던 것이다. 그러나 개혁 성향의 장교들은 군부를 확실히 통제할 수 없었고 유혈 사태가 계속됐다.

혁명 평의회가 긍정적인 변화를 조금도 가져오지 않자, 민중 저항 단체들이 저항 활동을 더욱 활발히 했고, 비난과 폭력의 악순환만 빨라졌다. 혁명 평의회를 지지하기로 동의했던 시민들은 자신들이 새로운 억압 대상이 되는 것을 두려워하며, 보안대와 준군사 단체의 격렬한 폭력에 대한 저항을 포기하기 시작했다. 로메로는 혁명 평의회에 기회를 주어야 한다고 생각하고, 축출된 로메로 정부를 비난했던 것만큼, '개혁적' 혁명 평의회를 공개적으로 비난하는 것은 최대한 미뤘다.

니카라과의 민족 해방 전선인 산디니스타가 승리한 일로

받은 충격에서 겨우 벗어난 워싱턴의 카터 정부는 엘살바도르에서 커져 가는 무질서와 소요 사태에 놀랐다. 카터 정부는 엘살바도르 지배 계층이 노동조합들과 농장 노동자 단체들을 완전히 억압하고, 민주주의를 우습게 만들어 버린 상황인 엘살바도르에서 '사회주의' 혁명이 일어날 것을 두려워했다. 대통령의 조언자들은 미국의 도움으로 엘살바도르의 혁명 평의회가 연착륙할 수 있을 것이라고 믿었다. 그들이 도와주면 혁명 평의회가 엘살바도르의 내전 상황을 종식시켜 자신들이 오랫동안 두려워했던, 한 나라의 사회주의 혁명이 다른 나라로 옮겨지는 중앙아메리카판 도미노 효과를 막을 수 있을 것이라고 생각했다.

  혁명 평의회가 농촌에 대한 완전한 통제력을 잃게 될 상황에 이르렀다고 본 카터 정부는 570만 달러의 군사 원조라는 매우 중대한 결정을 고려하고 있었다. 로메로는 이미 야만성을 수없이 보여 준 사람들의 손에 미국의 고성능 무기가 들어갈 수 있다고 생각하자 공포를 느꼈다. 1976년 미국 대통령 후보였던 지미 카터는 선거 운동 기간에 인권을 주요 공약으로 내세웠던 인물이다. 분명히 이제는 카터가 대통령이므로, 로메로는 인권 존중에 대한 온갖 수사를 붙이지 않더라도 카터가 자신의 호소에 공감할 것이라고 판단했다.

1980년 2월 17일, 로메로는 카터에게 편지를 썼다.

"대통령님께서 그리스도인이시고, 인권이 옹호되는 것을 바라신다는 점을 보여 오셨기에, 저는 감히 이 소식에 관한 저의 목자적 관점을 제시하고, 대통령님께 특별한 요청을 드리고자 합니다.

미국 정부가 엘살바도르의 군비를 확장하기 위해 군사 장비를 보내고 엘살바도르 세 개 부대를 훈련할 병참·통신·정보 분야의 고문관들을 파견할 계획이라는 소식을 들었습니다. 참으로 걱정스럽습니다. 신문에 나온 이 정보가 정확하다면, 귀국의 정부는 엘살바도르의 정의와 평화를 지지하지 않고, 그 대신에 기본적인 인권 존중을 위해 싸우는 민중에게 타격을 입히는 불의와 억압을 강화하는 데 기여하게 될 것임은 의심할 여지가 없습니다. …… 엘살바도르인의 한 사람으로서 그리고 산살바도르의 대주교로서, 저는 이 나라에 믿음과 정의가 세워지는 것을 지켜볼 의무가 있습니다. 저는 대통령님께 요청합니다. 대통령님께서 참으로 인권을 옹호하신다면, 엘살바도르 정부에 보내려는 군사 원조를 멈추십시오. 그리고 귀국의 정부가 직접적으로든 간접적으로든, 군사적·경제적·외교적 압력으로나 다른 압력으로, 엘살바도르 국민의 운명을 결정하는 데에 개입하지 않겠다는 것을 보장하십시오."

로메로는 국가의 '심각한 경제적·정치적 위기'를 언급하며, 엘살바도르 국민은 "이 나라의 위기를 극복할 수 있는 유일한 국민으로서, 깨어 있고 조직적이며 스스로 엘살바도르의 미래를 이끌어 가고 책임질 준비가 되어 있다."라고 카터에게 확실히 전했다.

그는 또한 이렇게 덧붙였다.

"외국의 세력이 개입하여 엘살바도르 국민을 방해하고 억압하며, 이 나라가 나아갈 경제적·정치적 도정道程을 자율적으로 결정하지 못하게 막는 것은 부당하고도 통탄할 일이 될 것입니다."

로메로는 1980년 2월 17일 주일 강론에서 이 편지를 읽었다. 주교좌성당에 모인 사람들은 뜨거운 박수를 보냈다. 그날 밤 일기에서 로메로는 이렇게 설명했다. 북미 대통령과 절망적인 중재를 시도하면서 그를 매우 걱정스럽게 한 것은 단순히 확대되는 폭력이 아니라, 악화되어 가는 갈등의 '양상'이었다. 로메로는 전 세계에서, 정확히는 워싱턴과 로마에서, 고의적으로 무시하고 있는 일이 엘살바도르에서 일어나고 있음을 알았다. 해괴하게도 잔혹한 충돌이 잦아지면서 고대 엘살바도르의 비극이 되살아나 악마적인 참극으로 변해 가고 있었다.

로메로는 일기에 이렇게 적었다.

"새로운 개념의 특수전은 공산주의나 테러와 맞서 싸운다는 이름으로 민중 조직의 모든 노력을 완전히 말살시키는 것이다. 이러한 형태의 전쟁은 직접적으로 책임이 있는 사람들만이 아니라 그 가족 전체를 없애려 하는 것이다. 이러한 전쟁 관점에서는 모든 사람이 폭력주의적 생각에 오염되어 있으므로 모두 제거되어야 한다."

로메로가 카터에게 편지를 보낸 이유는 엘살바도르에 더 이상 군사 원조를 보내지 말라고 '간청하려는 것'이었다. 군사 원조는 '많은 사람의 생명을 앗아 가고, 우리 국민들에게 매우 커다란 해악을 미칠 것'이기 때문이었다.[110]

보안대는 그저 정부를 위협하는 세력을 돕는다는 의심만으로 정치적 반대자들과 힘없는 농민들을 제거했다. 그들의 살해 방식은 점점 더 잔인해졌다. 끊임없이 이어지는 잔혹한 학살 때문에 로메로는 괴로웠다. 희생자들은 여러 날 고문을 당한 뒤 살해되고, 그 시신은 짓이겨졌다. 힘없는 여자들은 무참하게 겁탈을 당하고 아이들은 살해됐다. 옥타비오 오르티스 신부와 함께 주말 피정을 하던 불행한 젊은이들도 군인들에게 살해됐다. 총탄에 벌집이 된 오르티스의 시신을 장갑차로 짓밟고 지나가 그의 얼굴은 알아볼 수 없을 정도로 뭉개졌다. 엘살바도르 사회의 최하층에게 공포 분위기를 높이려고 고의로 자행한 것이었다. 엘살바도르 농민들을 억압하려고 수십 년 동안 전략적으로 행해 온 섬뜩한 잔혹 행위였다.

그러나 로메로의 시대에, 농민들은 성경을 통해 '해방'됐다. 그들은 로메로를 통해 교회를 자신들의 편으로 여겼고 희망으로 담대해졌다. 더군다나 1970년대에 그들은 교육을 받았고, 폭력으로는 쉽게 굴복시킬 수 없는 전문가나 기업가로 부상하기도 했다. 일반적인 잔혹 행위가 별다른 효과를 발휘하지 못하자, 유혈을 조장하는 특권층과 그들의 보이지 않는 '암살단'은 폭력성을 더욱 높여 새로운 차원의 패악을 저질렀다. 그 일은 처음으로 국제 언론의 주목을 받았고, 세계를 경악하게 했다.

국제 연합 조사관들은 엘살바도르의 역사적인 분쟁 조사 과정에서 그들이 발견한 분노와 폭력에 놀라워하며 이렇게 말했다.

"엘살바도르에서 일어난 광범위한 폭력 행위를 조사하면서, 위원회는 무차별적인 살인, 그들이 저지른 잔혹성, 그들이 민중 가운데 불러일으킨 공포, 이를테면 전쟁의 광기 Locura 에 큰 충격을 받았다."

로메로는 일찍이 엘살바도르의 분쟁에서 '광기'가 일 것임을 알았다.

겟세마니의 예수님처럼, 로메로는 스스로 정원지기나 보호자가 되기를 바라지 않았다. 그리고 자신이 폭력적인 죽음을 맞을 가능성을 내다봤다. 정원지기가 되는 것과는 전혀 반대였다. 그의 안전을 걱정하는 사람들은 그에게 수없이 경고했다. 많은 사람이 그에게 혼자 여행하거나 산살바도르 거리를 걸어 다녀서는 안 된다고 말했다. 심지어 어떤 사람들은 그곳만은 안전할 것이라고 믿으며 숙소에서 벗어나지 말라고 애원했다. 로메로에게는 수많은 친구와 동료가 있었다. 숙소에 있는 가르멜회 수녀들은 기꺼이 그를 지켜 주며 그와 함께 기다렸다. 그럴수록 로메로는 그들의 안전이 걱정됐다.

1980년 3월 초, 미국 대사 로버트 화이트는 로메로를 만나 그에 대한 살해 위협이 있다는 것을 알려 주었다. 미주 기구의 보고서에 따르면, 그날 로메로는 화이트에게 구체적이고 자세한 언급은 하지 않았지만, '그 상황이 임박'했음을 알고 있는 것처럼 말했다.

"그들이 저를 죽일 때, 우리 가운데 많은 사람을 죽이지 않기를 바랄 뿐입니다."[111]

암살자가 어떻게 공격할지는 모르지만, 그는 그란데가 살해당한 것처럼 자신이 폭력적으로 공격당할 것임을 알고 있었다. 그래서 사람들에게 자신을 지키고 보호하는 일을 그만두라고 했다. 무고한 사람들이 다치거나 살해당하는 것을 바라지 않았기 때문이다.

그는 암살당하기 2주 전 그의 마지막 인터뷰가 된 멕시코 신문 〈엑셀시오르 Excelsior〉에서, 많은 사람이 자신들의 사랑하는 대주교에게 순교가 가까워지고 있는 것을 우려한다는 말에 이렇게 대답했다.

"저는 자주 살해 위협을 받습니다. 그리스도인으로서 저는 부활이 없는 죽음을 믿지 않는다고 말합니다. 그들이 저를 죽이면, 저는 엘살바도르의 민중 안에서 다시 살아날 것입니다. 과시하려는 것이 아니라 최대한 겸손하게 말씀드리는 것입니다. 목자로서 저는 제가 사랑하는 사람들을 위하여, 곧 모든 엘살바도르 사람을 위하여, 또 저를 죽이려고 하는 사람들을 위해서도, 제 목숨을 내놓으라고 하시는 하느님의 명령에 따라야 합니다. 그들이 위협을 실행으로 옮긴다면, 바로 그 순간에 저는 엘살바도르의 구원과 부활을 위하여 제 피를 봉헌할 것입니다."

로메로는 "제가 그 은총을 받기에 마땅하다고 믿지는 못하지만," 순교는 "하느님에게서 오는 은총"이라고 말했다.

"그러나 하느님께서 제 목숨의 희생 제사를 받아들이신다면, 제 피는 머지않아 현실로 이루어질 자유의 씨앗이 되고 희망의 표지가 될 것입니다. 저의 죽음이 제 백성의 해방을 위한 죽음이 되고, 다가오는 희망의 증언이 되기를 빕니다. 제가 죽임을 당하게 된다면, 그 일을 한 자들에게 제가 용서하고 축복한다는 것을 전해 주실 수 있지요? 하지만 저는 그들이 시간 낭비를 하고 있다는 것을 깨닫게 되기를 바랍니다. 한 사람의 주교는 죽지만, 하느님의 교회는, 하느님의 백성은 결코 죽지 않을 것입니다."[112]

그는 사람들에게 자신이 죽더라도 투쟁을 계속하도록 촉구했다.

"언젠가 그들은 우리에게서 라디오 방송국을 빼앗고, 우리 신문사를 폐쇄시키고, 우리의 입을 다물게 할 수 있습니다. 그들은 또한 모든 사제와 주교를 죽일 수도 있습니다. 그러면 여러분은 사제가 없는 백성으로 남게 될 것입니다. 여러분 한 사람 한 사람이 하느님의 확성기가 되고, 하느님의 사자使者가 되며, 예언자가 되어야 합니다. 세례받은 이가 한 사람이라도 있는 한 교회는 언제나 존재할 것입니다. 그리고 세상에 남아 있는 그 세례받은 한 사람은 세상 앞에 주님 진리의 깃발을, 그분의 거룩한 정의의 깃발을 드높이 들어 올려야 할 책임이 있습니다."

1980년 3월 23일, 5주 전에 폭파된 송신기가 마침내 수리되면서 대교구 라디오 방송국이 방송을 재개할 수 있었다. 로메로는 방송을 통해 군부의 억압에 대해 두려움 없이 역사적인 비판을 할 준비를 하고 있었다. 그는 무장 세력에 등록된 자들 가운데 '자신의 형제자매인 농민들을 죽이는 형제들에게' 진심 어린 호소를 보냈다.

로메로의 메시지를 모두 들었다. 로베르토 도뷔송과, 아직도 정체가 밝혀지지 않은 자, 그에게 지시를 내려 그를 움직인 자들은 그 메시지를 위험 신호로 받아들였다. 그들은 이미 준비되어 있던 계획을 바로 다음 날 실행했다. 그 시절에는 암살자들의 손에 많은 인력과 자원이 있었기 때문에 암살 계획에 그리 많은 것이 필요하지 않았다. 암살단원들은 이미 오래전에 온갖 금기를 극복하고, 어떠한 망설임도 없이 사제들을 죽여 왔을 것이다. 이제 그들은 주교를, 제대 앞에 서 있는 주교까지 기꺼이 죽일 자세가 되어 있었다.

여러 해 뒤 로메로 암살 사건을 회상하며, 가르멜회의 한 수녀는 이렇게 말했다.

"주교님이 총에 맞으셨을 때, 저는 3미터쯤 떨어진 동편 신자석 둘째 줄에 앉아 있었습니다. 주교님이 강론을 마치셨을 때, 우리는 마음을 모으고 있었지요. 그 순간 총소리가 들렸습니다. 마이크와 전등이 가까이 있었던 탓인지, 폭탄이 터지는 소리처럼 들렸습니다. 주교님은 즉시 바닥에 쓰러지셨어요. …… 이상해요. 저는 두려움을 느끼지 못했어요. 용기를 내 곧바로 주교님에게 달려갔어요. 그러나 그분의 코와

입, 귀에서 엄청난 피가 흐르는 것을 보고 저는 아무것도 할 수 없었어요. 저는 총소리가 나자마자 경당 정문 쪽을 보았어요. 누가 이런 짓을 했는지 보고 싶었지만, 아무도 볼 수 없었습니다.

그 순간 하느님께서 주교님의 기도를 들어주셨다는 것을 깨달았습니다. 그분은 언제나 이러한 일이 일어나면, 다른 사람은 아무도 다치지 않기를 바란다고 말씀하셨습니다. 사실 저희도 언젠가는 이런 일이 일어날 것이라고 예상했어요. 그러나 우리는 어느 누가 감히 성찬례를 거행하는 바로 그 순간에 이러한 신성 모독을 자행하며 그분을 살해할 것이라고는 생각지도 못했습니다.

그러나 신자들의 관점에서 본다면, 아마도 그 방법이 더 나았을 겁니다. 순교는 아무나 할 수 있는 것이 아니고, 마땅히 그럴 만한 자격이 있는 사람에게만 허락되거든요. 주교님은 성인이셨습니다. 그분의 삶 전체가 위대한 증언입니다. 특별히 제대에서 일어난 일이므로, 그 순교는 주교님이 상으로 받으신 월계관이라고 생각해요.

마치 주님께서 그분에게 말씀하시는 것 같았습니다. '나는 네가 나에게 빵만 바치기를 원하지 않는다. 이제 너는 희생 제물이며, 너는 나의 봉헌 예물이다.'"[113]

결론

민중의 삶 속에 부활한 성인

　대주교가 암살된 놀라운 사건에 이어 로메로의 장례식에서는 더 경악스러운 일이 일어났다.

　로메로가 제대 앞에서 살해되고 일주일이 지난 1980년 3월 30일 주님 수난 성지 주일에 암살당한 대주교를 추모하기 위해 유럽 전역과 미국, 중남미에서 고위 성직자들과 사제들이 찾아왔다. 엘살바도르 주교회의 형제 주교 가운데서는 그의 유일한 친구인 리베라만이 로메로의 장례 미사에 모습을 드러냈다.

　장례식은 주교 30여 명과 사제 200여 명이 차분하게 행렬하며 관구장 대주교좌성당으로 들어가는 것으로 시작됐다. 농촌에서 올라온 농민, 도시의 노동자 등 엘살바도르의 모든 지역에서 추모객 수만 명이 광장 밖에서 성당 안으로 밀려들었다. 너무 가난해서 여행할 돈이 없는 사람들과 노인들, 여자들도 엘살바도르의 먼 곳에서부터 며칠씩 걸어왔다. 그들은 그저 대주교를 한 번이라도 더 보려고 온 것이었다.

암살된 대주교를 추모하려고 온 외국인 성직자들은 그날이 평화롭게 지나가리라고 생각했다. 민중 전선Popular Front의 지도자들은 대주교에게 경의를 표하며 비폭력을 준수하겠다고 서약했다. 장례식에 참석한 한 미국인 사제는 "먼저 도발하지 않으면, 강경 우파들이 이 순간을 더럽히지 않을 것"[114]이라고 생각했다.

처음에는 25만 명 이상이 로메로를 추모하려고 주교좌성당과 그 앞에 있는 광장, 주변 도로에 모여들었다. 장례 미사를 공동 집전했던 예수회의 제임스 코너 신부는 이렇게 썼다.

"성가와 기도와 독서가 이어지며 모든 예식이 순조롭게 진행됐다. 요한 바오로 2세 교황의 개인 특사인 멕시코의 에르네스토 코리피오 아우마다 추기경은 강론에서 로메로 대주교를 평화의 인간이며 폭력의 적이라고 찬양하기 시작할 때까지는 순조로웠다."

강론 중에 로메로의 잘 알려진 가르침 하나를 되새기며 코리피오는 말했다.

"폭력은 진리와 정의를 죽일 수 없습니다. 우리는 증오로 사랑할 수 없습니다. 우리는 살인으로 생명을 수호할 수 없습니다."

그의 말을 조롱하기라도 하듯, 폭탄이 터졌다. 주교좌성당 밖 광장 끝, 대통령 궁 앞 인근에서 폭탄이 터졌다.
코너는 그날의 일을 이렇게 썼다.

"그다음에 날카롭고 선명한 총소리가 났고, 그 소리가 광장 주변의 담에서 메아리로 들려왔다. 처음에는 모두 조용히 있으라는 추기경의 호소에 차분히 있는 것 같았다. 그러나 또 다른 폭발음이 떠나갈 듯 울리자 모두 극심한 공포에 빠졌다. 군중은 대열을 흐트러뜨리고 내달렸다. 어떤 사람들은 옆길로 달려갔으나 수천 명 이상은 부리나케 계단으로 올라와 성당 안으로 들어올 길을 찾았다."

그리고 그곳에서 몇 시간 동안 바깥에서 일어난 테러가 가라앉기를 기다려야 했다.[115]

코너는 농민들이 모여든 주교좌성당 안으로 직접 수류탄이 날아들지는 않을까, 총을 가진 사람이 성당 입구에 나타나 군중에게 총을 난사하지는 않을까 걱정했다. 그는 당시의 상황을 이렇게 썼다.

"나는 겁에 질린 군중이 성당 안에 한 치의 틈도 없이 계속해서 밀고 들어오는 것을 지켜보았다. 내 주위를 돌아보며, 갑자기 깨달았다. 수녀들, 사제들, 주교들을 빼고, 추모객들은 모두 엘살바도르의 가난하고 힘없는 사람들이었다. 엘살바도르의 정부 대표나 다른 나라의 정부 대표들은 아무도 없었다."

폭발음이 점점 더 가까워졌다. 그들은 모두 살해당하는 것은 아닌지 불안해졌다. 그다음 두 시간 동안 거리에서 부상당하고 사망한 사람들이 주교좌성당으로 옮겨졌다. 밖에서 테러가 계속되자, 코리피오 추기경과 다른 사람들은 어떻게든 서둘러서 로메로를 대성당 동편에 마련해 둔 무덤에 묻었다.

마침내 엘살바도르 주재 교황 대사는 사람들이 성당을 떠나도 안전하다는 확인 전화를 '어떤 정부 소식통에게서' 받았다. 성당 안에 갇혀 있던 사람들은 교황 대사의 지시에 따라 두 손을 들고 줄을 지어 거리로 나왔다.

"우리에게 무기가 없다는 것을, 우리는 어떤 잠재적인 저격수가 아니라는 것을 그렇게 보여 주라고 했다."[116]

목격자들은 엘살바도르 군인들이 군중에게 폭탄을 던졌다고 말했다. 다른 목격자들은 주교좌성당 주변 건물의 지붕에 있는 군대 저격수들을 보았다고 주장했다. 정부는 그 폭력을 두고 '좌파들'을 비난했다. 긴장으로 가득 찬 엘살바도르의 사회 문제가 평화롭게 해결되리라고 희망했던 많은 사람에게, 로메로 암살과 대주교좌성당 밖에서 일어난 이 사건은 인내의 한계치를 넘어서게 했다. 광장에서 자행된 이러한 범죄들과 로메로 암살, 다른 수천 명을 학살한 범죄 문제에 대해 정부는 그 이후 몇십 년 동안 결코 '해결'하지 않았다.

나라를 갈라놓은 정치적·경제적 간극의 양편에 있는 엘살바도르의 모든 민중에게 로메로를 잃은 것은 크나큰 비극이었다. 엘살바도르에서 로메로를 제거하기로 공모했던 로베르토 도뷔송과 다른 사람들은 로메로를 죽이면 가난한 사람들의 동요가 끝나고, 자신들의 마음대로 그들을 완전히 통제할 수 있을 것이라고 믿었다. 그러나 로메로 암살은 정반대의 결과를 가져왔다. 농민들은 로메로를 자신들의 보호자이자 희망이라고 강하게 믿어 왔다. 로메로를 잃은 뒤 모든 공동체는 이미 조직되어 있던 게릴라 단체들에게 충성하겠다고 돌아섰다. 그들은 소총이 아니라 투표로 엘살바도르를 바꿀 수 있다는 생각을 포기했지만, 변화를 '포기'하지는 않았다.

도시의 수많은 온건파는 그때까지도 혼란스러운 엘살바도르의 민주화 과정에 자신들이 어떤 역할을 할 수 있기를 희망했지만, 로메로가 살해되자 평화로운 변화를 이룰 수 있는 기회는 끝났다고 보았다. 무장 단체들은 로메로의 암살과 그 이후에 발생한 파장을, 자신들의 무장 투쟁을 포기하지 말고 이를 단계적으로 증가하라는 신호로 인식했다. 로메로가 암살된 뒤 몇 달 지나지 않아, 여러 무장 단체들이 마침내 파라분도 마르티 민족 해방 전선FMLN이라는 연합 전선으로 합쳤다.

그러나 로메로의 암살 여파로 가장 큰 비극을 겪은 이들은 그가 자신의 죽음으로 지키려고 했던 엘살바도르의 평범한 사람들이었다. 그들은 무력 투쟁이나 다른 투쟁 방식으로 반드시 사회 변화를 추구하려는 사람들이 아니라, 오직 자신들의 생존을 위하여 투쟁하던 사람들이었다. 그들은 가장 힘이 없는 사람들이었고, 힘이 없어서 번번이 고통을 받아 왔던 사람들이었다.

"폭력은 엘살바도르의 들판을 휩쓸어 버린 불길이었다. 그 불은 온 마을을 태우고, 길을 없애고, 도로와 다리, 발전소와 송전선을 파괴했다. 그 불길은 도시에 이르러 가정과 신성한 영역과 교육 시설까지 밀려왔다. 정의가 무너지고, 희생자들을 처리해야 하는 공적인 행정 업무가 넘쳐났다. 친구 명단에 없는 사람은 누구나 적으로 간주됐다. 폭력은 모든 것을 죽음과 파괴로 몰고 갔다."[117]

이는 국제 연합 진실 위원회가 시적으로 작성한 엘살바도르에 관한 보고서의 서문이다. 이 글이 과장됐다고 여길 수도 있지만, 사실 위원회의 조사 결과를 밝히는 이 서문은 목자인 로메로가 암살당한 뒤 여러 해 동안 일어난 끔찍한 폭력 사태를 정확하게 담아냈다. 그가 암살된 사건은 엘살바도르 최악의 전환점이 되었다. 그 폭력에 가장 많은 책임이 있는 자들은 엘살바도르 사회의 형제자매들에게 이렇게 말하는 것 같았다. "봐라, 우리가 대주교를 죽였지. 이제 우리는 어떠한 패악도 저지를 수 있어."

그 뒤 2년 동안 엘살바도르 사람 약 3만 5천 넝이 엘실바도르를 휩쓴 폭력 사태로 사망했다고 추정된다. 인구의 15퍼센트가 외국으로 도피했고, 수천 명이 '실종'됐다. 1992년까지 지속된 내전의 무의미한 싸움에 지쳐 버린 양쪽은 휴전과 상호 안전 보장에 동의했다. 정치적 저항 단체인 민족 해방 전선은 평화로운 선거 과정에 참여하는 하나의 지주로서 비무장 정당으로 전환했다. 엘살바도르 정부가 오랫동안 포기해 온 책임을 국제 연합 진실 위원회가 대신했다. 위원회는 마침내 재판 외에 발생한 살인에 대해 엘살바도르 군대에 85퍼센트 이상의 책임을 부과했다. (나머지 5퍼센트는 민족 해방 전선의 책임이고, 10퍼센트는 미확인이라고 선언했다.)

산살바도르에서는 얼마간의 공백기 이후에 리베라가 로메로 대주교의 후계자가 되었다. 그는 전임자가 따랐던 진보적인 길을 더욱더 신중하게 따라갔다. 그러나 리베라를 계승한 대주교들은 로메로가 설정한 사목 방침과 정치적 방향에 노골적으로 반대해 왔다. 현재의 호세 루이스 에스코바르 알라스 대주교는 2013년 9월에, 그 활동이 "더 이상 적절하지 않다."라고 주장하는 성명을 발표했다. 그리고 갑작스럽게 로메로가 세운 법률 지원 (이제는 '법률 보호'라고 부르는) 사무국을 폐쇄하여, 엘살바도르 도처에서 큰 분노를 일으켰다. 사람들은 이 사무국에 보관되어 있는 인권 유린에 관한 수많은 기록이 내전 동안의 인권 유린 사태를 조사하는 새로운 조사단의 손에 들어가는 것을 막기 위해 사무국 폐쇄를 결정한 것이라며 그 결정에 이의를 제기했다.

1980년 5월, 로베르토 도뷔송과 일부 협력자들은 흔들리는 혁명 평의회에 맞서 쿠데타를 모의한 혐의로 산타테클라에 있는 그의 농장에서 체포됐다. 로메로의 암살과 관련된 증거가 농장에서 발견됐지만, 도뷔송은 끝까지 로메로 암살에서 어떠한 역할도 하지 않았다고 부인했다. 그의 체포는 우익 폭력 사태를 불러일으켰다. 결국 그는 석방됐고, 그를 기소하려던 일은 없어졌다. 도뷔송은 로메로 암살과 관련하여 공식적으로 어떠한 혐의도 받지 않았으며, 로메로 암살 음모에서 그가 지시한 사람들이나 그에게 지시를 내린 사람들은 법정에서 증언하도록 소환되지도 않았다. 그리고 도뷔송은 1981년에 우익 정당인 국민 공화 연맹ARENA 설립자 가운데 한 명이 되었다. 국민 공화 연맹은 미국의 도움으로 수십 년 동안 벌어진 내전 동안에도, 그리고 그 이후에도 엘살바도르를 지배해 왔다.

2009년에 드디어 민족 해방 전선이 간신히 국민 공화 연맹에게서 평화적으로 정권을 넘겨받았다. 민족 해방 전선의 지도자들은 로메로의 순교와 그의 정신을 찬양했다. 대통령 선거에 승리한 뒤, 민족 해방 전선 후보였던 마우리시오 푸네스는 이렇게 말했다.

"저는 로메로 주교님이 용기와 예언자적 시각을 가지고 다스리기를 바라셨던 것처럼 저는 이 나라를 다스려 나갈 것입니다. 로메로 주교님은 통치자들에게 엘살바도르 민중이 외치는 정의의 울부짖음에 귀를 기울이라고 요구하셨습니다."

로메로는 스스로 늘 말해 왔듯이, 결코 그를 잊지 않는 그의 백성들, 민중의 삶 속에서 부활했다. 죽음 이후 그의 영향력은 엘살바도르 전역에서 훨씬 더 강렬하게 느껴졌다. 특히 수십 년 전 어느 날 저녁에 벌어진 로메로 암살로도 단념시키지 못했던, 정의와 평화를 위해 싸우는 가난한 사람들 가운데서 강렬하게 느껴졌다.

내전이 끝난 뒤에도 엘살바도르는 남반구에서 가장 폭력적인 사회로 남아 있으며, 가난은 계속되고 있다. 그리고 산살바도르의 밤에 출몰하던 암살단들은 오늘날 정치적으로 탄압을 가하지는 않지만, 마약 밀매와 관련된 일을 많이 하고 있다. 엘살바도르는 여전히 해결되지 않은 로메로 시대의 수많은 정치적·경제적 갈등을 안고 있지만, 순교한 대주교가 가르쳤던 철저한 연대와 나눔의 정신을 실천하려고 노력하고 있다.

로메로는 이렇게 말했다.

"평화는 공포와 두려움의 산물이 아닙니다. 평화는 침묵의 묘지가 아닙니다. 평화는 폭력적인 억압에 짓눌린 침묵의 결과가 아닙니다. 평화는 모든 사람의 선익을 위한 모든 사람의 너그럽고 조용한 헌신입니다. 평화는 힘찬 활력입니다. 평화는 너그러움입니다. 평화는 권리이자 의무입니다. 우리가 저마다 이 아름다운 성가정 안에 평화로이 자리 잡고 묵상할 때에, 주님의 공현이 하느님의 빛으로 우리를 밝혀 주십니다."

엘살바도르는 여전히 평화를 바라고 있다. 엘살바도르 민중이 평화를 추구하는 가운데, 수도인 산살바도르 전역에는 오늘날까지도 이렇게 증언하고 있다.
 '로메로는 살아 있다 Romero vive!'

ROMERO

주

1   제임스 브로크먼James R. Brockman, S.J., 《로메로, 한 생애 Romero: A Life》(메리놀, 뉴욕, Orbis Books, 2005년), 169~170면
2   오스카 로메로, 《목자의 일기 A Shepherd's Diary》, 아이린 호지슨Irene Hodgson(워싱턴, 미국 가톨릭 협의회, 1993년), 214~215면
3   같은 책, 125면
4   오스카 로메로, "그리스도, 교회에 언제나 새로운 말씀", 1979년 2월 18일 강론, http://www.romerotrust.org.uk/homilies/141/141_pdf.pdf
5   《민중이 나의 예언자다 El pueblo es mi profeta》, http://www.youtube.com/watch?v=2GDdFW62BbA
6   신디 우든Cindy Wooden, "로메로 대주교는 신앙 행위 때문에 살해당했다고 잡지에서는 말한다", 가톨릭 뉴스 서비스, 2005년 11월 4일
7   팻 마린Pat Marrin, "멀고도 복잡하게 뒤얽힌 길에 놓인 오스카 로메로 시성 절차", National Catholic Reporter, 2013년 5월 10일, http://ncronline.org/news/people/sainthood-cause-long-tangled-path

8   로베르토 쿠에야르Roberto Cuéllar, "오스카 로메로 주교님, 인권의 사도", 《로메로 주교님, 제3천년기의 주교Monsignor Romero: A Bishop for the Third Millennium, Robert S. Pelton》, CSC 편(노트르담. 노트르담 대학교 출판부. 2004년), 46면

9   국제 연합 UN 진실 위원회, "광기에서 희망으로, 엘살바도르 12년 전쟁"(미국 평화 연구소, 2001년 1월 26일), 122면

10 오스카 로메로, "로메로 대주교의 마지막 강론, 1980년 3월 24일," 제임스 브로크먼 역, 《목소리 없는 사람들의 목소리, 네 사목 교서와 다른 발언들Voice of the Voiceless: The Four Pastoral Letters and Other Statements》(메리놀, 뉴욕. Orbis Books. 1985년), 191~192면

11 같은 곳, 192~193면

12 카를로스 다다, "우리는 어떻게 로메로 대주교를 죽였는가?", 〈엘파로El Faro〉, 2010년 3월 25일, http://www.elfaro.net/es/201003/noticias/1416

13 같은 곳

14 같은 곳

15 혼 소브리노Jon Sobrino, 《로메로 대주교, 기억과 반추Archbishop Romero: Memories and Reflections》(Eugene. OR: Wipf and Stock. 2004년), 41면

16 앤드루 벙컴Andrew Buncombe, "대주교, 암살단 그리고 정의를 기다려 온 24년", 온라인 신문 〈인디펜던트The Independent〉(2004년 8월 24일)

17 제임스 르모인James LeMoyne, "살바도르 핵심 인물의 수첩에서 드러난 암살단의 모습", 〈뉴욕타임스The New York Times〉(1987년 12월 2일), http://www.nytimes.com/1987/12/02/world/picture-of-death-squads-seen-in-key-salvadoran-notebook.html

18 카를로스 다다, "우리는 어떻게 로메로 대주교를 죽였는가?"

19 오스카 로메로, "로메로 대주교의 마지막 강론, 1980년 3월 24일", 55면

20 같은 책, 4면

21 같은 책, 33면

22 같은 곳

23 같은 책, 36면

24 같은 곳

25 마리아 로페스 비힐Maria Lopez Vigil, 《로메로 주교님, 기억의 모자이크 Monseñor Romero: Memories in Mosaic》(메리놀, 뉴욕, Orbis Books, 2013년), 4면

26 오스카 로메로 시성 추진 사무국, 산살바도르 대교구, 《로메로 주교님, 하느님의 신비Monseñor Romero: Un Misterio de Dios》, 기예르모 고메스와 오스카 오레야나 감독, 2012년 3월 24일 게시, http://www.youtube.com/watch?v=QRdZuFHzhng

27 다미안 진다Damian Zynda, 《오스카 로메로 대주교, 하느님의 영광을 보여 준 제자Archbishop Oscar Romero: A Disciple Who Revealed the Glory of God》(스크랜턴, 뉴저지, University of Scranton Press, 2010년), 6면

28 제프리 M. 페이지Jeffrey M. Paige, 《커피와 권력, 중앙아메리카의 혁명과 민주주의 등장Coffee and Power: Revolution and the Rise of Democracy in Central America》(케임브리지, Harvard University Press, 1997년), 제1장, "혁명과 커피 특권층"

29 같은 책, 103면

30 같은 책, 31면

31 같은 곳

32 제임스 브로크먼, S.J., "오스카 로메로의 영적 여정", 〈오늘의 영성Spirituality Today〉, 1990년 겨울, 제42권, 4호, 303~322면

33 같은 곳

34 제임스 브로크먼, 《로메로, 한 생애》, 37면

35 같은 책, 38면

36 같은 책, 40면

37 같은 곳

38 마리아 로페스 비힐, 《로메로 주교님》, 6면

39 같은 책, 10~11면

40 같은 책, 10면

41 같은 책, 7면

42 다미안 진다, 《오스카 로메로 대주교》, 14면

43 마리아 로페스 비힐, 《로메로 주교님》, 12면

44 같은 책, 19면

45 제임스 브로크먼, 《로메로, 한 생애》, 23면

46 다미안 진다, 《오스카 로메로 대주교》, 24면

47 마리아 로페스 비힐, 《로메로 주교님》, 23면

48 같은 책, 25면

49 같은 책, 25~27면

50 제임스 브로크먼, 《로메로, 한 생애》, 51~52면

51 마리아 로페스 비힐, 《로메로 주교님》, 33면

52 제임스 브로크먼, 《로메로, 한 생애》, 52면

53 마리아 로페스 비힐, 《로메로 주교님》, 39면

54 제임스 브로크먼, 《로메로, 한 생애》, 59면

55 같은 책, 60면

56 로베르토 쿠에야르, "오스카 로메로 주교님, 인권의 사도", 9면

57 에드문도 모란Edmundo Moran, "엘살바도르의 공포의 분위기", 〈아메리카 America〉, 제138권, 6호(1978년 2월 18일), 117~119면

58 펠튼Pelton, 《로메로 주교님》, 48면: 루벤 사모라, "로메로 대주교의 강력한 정신, 개인적인 증언"

59 엔리크 두셀Enrique Dussel, 《라틴 아메리카 교회의 역사, 식민지에서 해방까지(1492~1979년)A History of the Church in Latin America: Colonialism to

Liberation(1492-1979)》(미시간 주 그랜드래피즈, Wm B. Eerdmans, 1981년), 227면

60   마리아 로페스 비힐, 《로메로 주교님》, 40~41면
61   같은 책, 41면
62   같은 책, 42면
63   오스카 로메로, 《목소리 없는 사람들의 목소리》, 4면: 이냐시오 마르틴-바로 Ignacio Martin-Baro, "오스카 로메로, 짓밟힌 자들의 목소리"
64   마리아 로페스 비힐, 《로메로 주교님》, 51면
65   제임스 브로크먼, 《로메로, 한 생애》, 56~58면
66   로베르토 쿠에야르, "오스카 로메로 주교님, 인권의 사도", 7면
67   마리아 로페스 비힐, 《로메로 주교님》, 60면
68   이냐시오 마르틴-바로, "오스카 로메로, 짓밟힌 자들의 목소리", 5면
69   로베르토 쿠에야르, "오스카 로메로 주교님", 6면
70   마리아 로페스 비힐, "민중이 로메로 주교에게 베푼 세례", http://www.envio.org.ni/articulo/1675
71   제임스 브로크먼, 《로메로, 한 생애》, 6면
72   마리아 로페스 비힐, 《로메로 주교님》, 64~65면
73   같은 책, 17면
74   같은 곳
75   같은 책, 6면
76   펠튼, 《로메로 주교님》, 82면: 딘 브래클리Dean Brackley, S.J., "루틸리오와 로메로, 우리 시대의 순교자들"
77   혼 소브리노, 《로메로 대주교》, 4면
78   앨런 라이딩Alan Riding, "포위당한 라틴 교회", 〈뉴욕타임스〉(1979년 5월 6일), 236면
79   마리아 로페스 비힐, 《로메로 주교님》, 67면

80 혼 소브리노, 《로메로 대주교》, 10면

81 같은 책, 8면

82 같은 책, 6~7면

83 제임스 브로크먼, 《로메로, 한 생애》, 10면

84 딘 브래클리, "루틸리오와 로메로", 92면

85 마리아 로페스 비힐, 《로메로 주교님》, 78면

86 제임스 브로크먼, 《로메로, 한 생애》, 144면

87 펠튼, 《로메로 주교님》, 103면: 조셉 냉글Joseph Nangle, O.F.M., "미국 대학들에 제기한 로메로 대주교의 도전"

88 마리아 로페스 비힐, 《로메로 주교님》, 109면

89 같은 책, 106면

90 제임스 브로크먼, 《로메로, 한 생애》, 21면

91 같은 책, 22면

92 같은 곳

93 마리아 로페스 비힐, 《로메로 주교님》, 104면

94 제임스 브로크먼, 《로메로, 한 생애》, 162면

95 오스카 로메로, 《목자의 일기》, 335면

96 오스카 로메로, "기도의 힘", 1977년 7월 17일 강론, http://www.romerotrust.org.uk/homilies/34/34_pdf.pdf

97 마리아 로페스 비힐, 《로메로 주교님》, 113면

98 미주 기구Organization of American States, 〈엘살바도르 인권 상황에 관한 보고서〉 제2장 "생명권", 1978년 11월 17일

99 딘 브래클리, "루틸리오와 로메로", 92면

100 마리아 로페스 비힐, 《로메로 주교님》, 117면

101 같은 책, 201면

102 알마 기예르모프리에토Alma Guillermoprieto, "죽음이 대주교에게 다가오다", The New York Review of Books, http://www.nybooks.com/articles/archives/2010/may/27/death-comes-archbishop

103 제임스 브로크먼, 《로메로, 한 생애》, 176면

104 오스카 로메로, "착한 목자", 1978년 4월 16일 강론, http://www.romerotrust.org.uk/homilies/95/95_pdf.pdf

105 메리 데니스Marie Dennis, 레니 골든Renny Golden, 스콧 라이트Scott Wright, 《오스카 로메로, 그의 삶과 글에 관한 성찰Oscar Romero, Reflections on His Life and Writings》(메리놀, 뉴욕, Orbis, 2000년), 23면

106 마리아 로페스 비힐, 《로메로 주교님》, 102면

107 제임스 브로크먼, 《로메로, 한 생애》, 190면

108 알마 기예르모프리에토, "로메로를 기억하며, 엘살바도르를 파열시킨 살인" NYR Blog: Roving Thoughts and Provocations (blog), The New York Review of Books, 2010년 4월 22일

109 오스카 로메로, 《목자의 일기》, 176면

110 같은 책, 493면

111 미주 기구OAS, 미주 인권 위원회Inter-american Commission on Human Rights, "보고서 37/00호, 11.481 사건, 오스카 아르눌포 로메로 이 갈다메스. 엘살바도르", 2000년 4월 13일, www.cidh.oas.org/annualrep/99eng/merits/elsalvador11.481.htm

112 펠튼, 《로메로 주교님》, 31면: 루시아노 멘데스 데 알라메이다Luciano Mendes de Alameida, S.J., "순교자, 영웅, 그리고 현대 교회, 라틴 아메리카와 미국"

113 이 인용문은 중앙아메리카와 멕시코 수도회 대책 위원회Religious Task Force on Central America and Mexico의 〈중앙아메리카와 멕시코 보고서: 오스카 로메로 대주교Central America/Mexico Report: Archbishop Oscar Romero〉, 2005년 1~2월,

15면에 나온다.

114 제임스 코너James L. Connor, S.J., "로메로의 장례식에 관한 보고", 〈아메리카〉, 1980년 4월 26일

115 같은 곳

116 같은 곳

117 국제 연합 진실 위원회, "광기에서 희망으로, 엘살바도르 12년 전쟁"(미국 평화 연구소, 2001년 1월 26일), 10면